JN029326

発達障害児のための
モンテッソーリ教育

佐々木信一郎

講談社

発達障害児のためのモンテッソーリ教育

カバー・本文デザイン
池田進吾 + 千葉優花子
(next door design)

序

今、発達障害である子どもが、増えています。

二〇一二年、文部科学省は、全国の公立小中学校の通常学級で調査をおこないました。その結果、発達障害の可能性のある児童・生徒（診断を受けていない）が六・五パーセント在籍していることが明らかになったのです。これは、四十人学級の一クラスに二〜三人在籍し、全国合計で約六〇万人の発達障害児がいることを示しています。二〇〇二年の調査と比較すると、〇・二ポイントの増加が見られます。

就学前の教育・保育における調査では、佐久間庸子氏らがおこなった「幼稚園における特別支援教育の現状」（二〇一二）があります。この調査の結果は、公立幼稚園に二〇〇九年度、四・四パーセントの発達障害児の在籍があったことを明らかにしています。

文科省の実態調査よりは少ないものの、発達障害児が幼稚園にも多数在籍していることを表しています。これに、保育園の在籍児がプラスされるわけですから、本当に大きな数字です。

この発達障害とは、自閉症（知的発達に遅れのある子どもとない子どもを含む）、アスペルガー症候群、注意欠陥多動性障害、学習障害のことをいいます。これは、二〇〇五（平成一七）年に、国が発達障害者支援法を施行し、そのなかで定義したものです。

現在、アメリカ精神医学会の診断基準「ＤＳＭ－５（Diagnostic and Statistical Manual of Mental Disorders）」では、自閉症、アスペルガー症候群などを全部ひとまとめにして、自閉症スペクトラムとしています。

詳しい話は後の章に譲るとして、大翔（ひろと）（仮名）くんとそのお母さんとの出会いのエピソードを通して、実際の発達障害のある子どもとモンテッソーリ教育の関係をご紹介したいと思います。

＊　＊　＊

三歳の男の子のお母さんからの突然の電話。受話器の向こうで、感情を抑えている様子が感じられます。

話を聞くと、一人息子の大翔くんが水遊びをやめてくれず、困っているというのです。家じゅうの水道で水を出して遊ぶ。それを注意すると風呂場、トイレと水のあるところへ行って遊ぶ。それを止めると怒りだし、お母さんを叩いたり、蹴ったりするのだそうです。

後日、相談にいらっしゃいました。

お母さんが、「ひろちゃん」と呼ぶ、その子は、目が大きくて、とても愛くるしい顔をしています。お母さんを叩くような子どもには見えません。

しばらく、お母さんから話を聞きました。

「二歳の終わりごろから、水に興味を持ち、電話で話したとおりの状態が毎日続いていて」と疲れ切った様子で話し始めました。

よく話を聞くと、次のようなことがわかりました。

①一歳半健診では、何も指摘されていません。しかし、お母さんは、「うちの子は、どこか変だ」とずっと思い続けてきたそうです。お母さんの言ったことをまるで山びこ（お母さんの表現）のようにリピートしていた時期があったそうです。例えば、先に公園に行ったお父さんを見つけて、お母さんが「パパ、あそこにいるね」というと「ぱぱ、あそこいるね」とリピートするのです。そのとき、この子は、意味を理解しないで、ただ、まねをして言っているのではないかと何度も疑ったそうです。

②公園へ行くと、砂場で他の子たちが遊んでいるところへは足を踏み入れません。誰もいない鉄棒、ジャングルジムなどへ行き、そこで遊びます。こうした姿を見て、「どうして、お友達のところへ行かないのか」と不思議に思ったそうです。

③水以外でも遊びますが、水道を見たりすると蛇口をひねり、手に水をかけたり、水が流れ落ちるところを見たりします。また、そばにあるコップ、洗面器などをとって、水を入れ、空けることを繰り返します。

④洗面台で注意されると風呂場へ行き、風呂場で注意されるとトイレにいき、便器に溜まっている水で遊びます。それも注意されると大声で怒鳴り、母親を叩きます。

⑤母親は、あるところに相談にいったそうです。そこで、水遊びをやめさせるように言われました。何度目かの相談のときに、母親が無理である旨を話すと、「外の元栓を止めてもやめさせてください」と厳しく言われたのだそうです。

ここまで話したとき、お母さんの目から大粒の涙がこぼれ落ちました。

「すみません。絶対に泣かないと決めてきたのに……」

＊　＊　＊

以前から見ると国は、発達障害の相談ができる場所を確実に増やしています。相談できる場所の確保という点では、大きな進歩です。

しかし、私も相談に携わる人間として、相談に来るお母さんが、相談したことで混乱してしまう。そして、ますます困り感を強めている事実に心痛めます。また、反省もします。

先に挙げた大翔くんのお母さんも例外ではありません。相談に行ったら、絶対水遊びをやめさせるように指導されたのです。それを家庭でおこなったら、ますます子どもとの距離が離れ、反抗するようになってしまいました。

「絶対に水遊びをやめさせる」という支援方法がどこから出てくるのか、私にも疑問です。いろいろ考えられますが、一つの仮説は、自閉症スペクトラムの障害特性から導き出しているのではないかと思われます。

つまり、水遊びは、障害特性の一つである同一性保持、一般的には、こだわり行動と捉えます。その行動は、いったん形成されると切り替えが難しくなります。そのために、何度も繰り返すことになります。ですから、いったん形成された行動をさせないようにすることで、リセットするという考えなのかもしれません。他の考えかもしれません。それは、わかりません。

しかし、多くのお母さん方が言っているとおりです。

「子どもも見ないで、あるいは、二〇〜三〇分程度見たくらいで、うちの子のことが理解できたら、奇跡よね」と。

このように自分の持っている知識や理論に、現実として目の前にいる子どもの一部を当てはめて、解釈し、そこから支援方法を導き出すということが、世の中に跋扈(ばっこ)しているのではないかと思えてなりません。そして、それに振り回されて、混乱し、ますます子育てに悩む親御さんの姿を見ると心が痛みます。

今、マリア・モンテッソーリが生きていたなら、「発達障害のある子どもは、本当の意味で理解されているのでしょうか」と聞いたに違いありません。

マリア・モンテッソーリ（一八七〇〜一九五二）は、子どもを現場で精緻に観察した人です。固定観念、先入観、概念化された科学的知見などを、いったん片側に置き、目の前にいる生身の子どもを観察したのです。

マリア・モンテッソーリが、ある精神科病院を見学したときのことです。遊ぶものも何もない部屋に数人の障害のある子どもが収容されていました。そのような環境のなかでも子どもたちは、床にこぼれたパンくずで一心不乱に遊んでいたのです。それを観察し、本来の子どもの姿を発見したのです。子どもは、強制的に教えなければ何も学ばない存在ではなく、本来、主体的に自己教育するものであることを……。

もしモンテッソーリが当時の子どもの見方、「子どもは、空っぽのコップのような存在であり、そこに水を注ぎ込んでやらなければ、何も学べない」という観点から彼らを見ていれば、この発見はありませんでした。

しかし、いつの時代も固定観念、先入観、概念化された科学的知見が優先されます。そして、子どもをそれらに合わせて解釈し、理解したと思っているおとなが多いのです。

だからといって、科学的知見が不必要なのではありません。むしろ、とても大切なのですが、一人ひとり異なる発達障害を持つ子どもを捉えるときにどう使うのかということを、現実的には考えなければなりません。それについては、この本のなかで、お話ししていきたいと思います。モンテッソーリは、『創造する子供』（武田正實訳、エンデルレ書店刊）のなかで「子供を導くに当たっては、子供は未知数なのですから演繹的方法を用いるわけにはいかないということも分ります。子供のみがその行動によって、いかに子供を理解するかを教えてくれるのです」と述べています。

つまり、その子の真実は、その子の中にあるということです。

＊　＊　＊

お母さんの話を聞いている間に、大翔くんは、相談室の水道を見つけ、夢中で水遊びを始めていました。

「ひろちゃん、水はだめよ」といいながら、お母さんは、大翔くんのほうへ向かいました。すると、

「やだよ。やりたいんだよ」と唸るような声が響きます。お母さんが止めに入った瞬間、大翔くんの足がお母さんの足を蹴り上げるのが見えました。私は、すかさず止めに入りました。

この水遊びをどのように止めさせればいいのか、どのように考え、育ててあげればよいのか、大翔くんのお母さんは悩みます。

今、このような「育てにくい子ども」と毎日格闘しているご両親がたくさんいらっしゃいます。

この大翔くんは、後に「発達障害」と診断されました。発達障害のなかでも、自閉症スペクトラムでした。

ここから、私とお母さんの二人三脚の支援が始まりました。大翔くんの側に立って、子どもの視点で理解する支援が始まったのです。

約一ヵ月後、大翔くんに大きな変化が現れました。

大翔くんの水遊びが変わったのです。今までは、子ども用シンクや家庭の洗面台で「ただ単に水を出す・眺める」「手にかける」「容器に入れる・空ける」を繰り返すだけでした。

それが、椅子に座って、二つの調理用ボウルの一つに入った水を、スポンジで吸い取り、もう一つのボウルに絞って入れる合目的的な活動に集中するようになりました。それから、二つのピッチャーの片方に入った色水を、もう片方のピッチャーに移し・空ける活動に熱中するようになったのです。

いつもあまり表情がない大翔くんの顔に、少しだけ笑顔が見られるようになりました。

これらの活動への集中時間は、三〇～四〇分にも及びました。

その後、集中する遊びが増えるにしたがって、大翔くんは大きく変わっていったのです。

まず、今まで、とげとげしかった日常が穏やかになりました。お母さんを叩く、蹴るなどの行動はめっきり減りました。

写真０－１　スポンジ絞り

写真０－２　色水注ぎ

そして、ズボンのはき方などを教えるお母さんに素直に従うようになったのです。

あなたは「え、どうしてですか？」「本当ですか？」と聞きたい衝動に駆られるかもしれません。確かにプロセスを話さず、結果だけを話したのですから、疑問に思われるのも当然です。

すでにお話ししたとおり、モンテッソーリのように、大翔くんというたった一人の子どもを出発点として、観察した結果です。

＊　＊　＊

私は、一九八九年に、ドイツ・ミュンヘンで、障害児のためのモンテッソーリ教育を学びました。帰国後も、モンテッソーリ教育を通して、障害を持った子どもたちと関わりを持ってきました。

この本は、大翔くんのような発達障害のある子どもを、子どもの側、子どもの視点で理解し、持っている個性や力を最大限発揮できるようになることを願って書きました。

そして、そのために、モンテッソーリ教育で、どのような支援ができるのかご紹介したいと思います。

モンテッソーリ教育は、子どもが本来持っている主体的な学びを大切にしていきます。どんな子どもも、自立したい、さまざまなことができるようになりたいという願いを持っています。この大翔くんもスポンジ絞り、色水注ぎなどを通して、体の使い方、目と手の協応などを学んでいます。そして、それをやればやるほど意欲が高められます。

ひょっとするとあなたは、子どもが何かを身につけたり、できるようになったりするためには、嫌なことを努力してやらなければならないと思っていませんか？

いえいえ、とんでもありません。子どもは、自分を成長、発達させるために、環境が整っていれば、楽しく学びます。そして、学びの楽しさを知れば、自分に厳しく、最大限の努力を惜しみません。

しかし、子どものまわりの物的環境、人的環境の粗悪さにより、自分を育てようとする方向性を失い、逸脱したほうへ行ってしまいがちな傾向があることも事実です。

それを本来の道へ戻すための鍵がモンテッソーリ教育にあります。

さらに、発達障害児は、楽しい学びを阻害するものをたくさん持っています。例えば、はさみで切りたいものがあるのに、手先が不器用なために、それがうまくできず、ストレスを抱えていることなどがたくさんあるのです。はさみが使えるように環境などを工夫することによって、その子が切ることに満足できるようにしてあげられます。そうすることで、この子は、学びの楽しさを味わうことができるのです。

そのためには、モンテッソーリ教育と現代科学のコラボレーションが必要です。それを本書においてご紹介したいと思います。

今、実際におこなわれている科学的手法に基づく発達障害児の教育や支援は、問題行動だけを解決すれば、それでよしという風潮があるように思います。どう育てていけば、この子たちは自己教育をしていくことができるのか。そして、個性や人格を自ら創造し、自己実現をしていけるのかが、あまり大切にされていないように感じます。

モンテッソーリ教育では、子どもが抱える困難さを解決し、さらに、その子の自己実現を支援することを大切にしています。

さあ、それでは、発達障害児のためのモンテッソーリ教育、その秘密のベールを少しずつはがしていきましょう。

※この本のなかに出てくるエピソードはすべて実在のものです。個人が特定できないように一部内容を変更しています。

※モンテッソーリ教育では、子どもの活動のことを「作業」、あるいは「お仕事」と言います。それは、子どもが自分を成長・発達させるためにおこなうことであり、暇つぶしなどを含む「遊び」とは区別するためです。この本では、一般的な言葉である「遊び」を使用しますが、その意味は、「お仕事」と同じであると考えてください。

目次

第二章

錯覚の世界から真実の世界へ……47

第三章

モンテッソーリ・マフィア現象と発達障害……67

第七章 こだわりへの対処……153

第八章 発達障害児の遊びを促す簡単レシピ……163

第九章　興味・関心への支援……181

第一〇章　日常生活の練習……205

第一章　発達障害児はみんな違う

発達障害児とは

発達障害者について、国が最初に定義したのは、二〇〇五年です。発達障害者支援法からその定義を抜粋してみましょう。

第二条　この法律において「発達障害」とは、自閉症、アスペルガー症候群その他の広汎性発達障害、学習障害、注意欠陥多動性障害その他これに類する脳機能の障害であってその症状が通常低年齢において発現するものとして政令で定めるものをいう。

2　この法律において「発達障害者」とは、発達障害がある者であって発達障害及び社会的障壁により日常生活又は社会生活に制限を受けるものをいい、「発達障害児」とは、発達障害者のうち十八歳未満のものをいう。

DSM-5

自閉症スペクトラム（ASD）	注意欠如・多動症（ADHD）	限局性学習症（SLD）
	• 混合して存在 • 不注意優勢に存在 • 多動・衝動優勢に存在	• 読字の障害を伴う • 書字表出の障害を伴う • 算数の障害を伴う

DSM-Ⅳ-TR

広汎性発達障害（PDD）	注意欠陥多動性障害（ADHD）	学習障害（LD）
■自閉性障害 ■レット障害 ■小児期崩壊性障害 ■アスペルガー障害 ■特定不能の広汎性障害	■不注意優勢型 ■多動性―衝動性優勢型 ■混合型	■読字障害 ■書字障害 ■算数障害

図1－1　発達障害の整理

これを読むと、発達障害とは、広汎性発達障害、学習障害、注意欠陥多動性障害等ということになります。そして、脳機能障害が低年齢で発現したものとなっています。

人間には、ばらつきがあります。少々偏っていても、社会に適応できている人もいれば、そうでない人もいます。ですから、そうでない人を障害としているわけです。

図1－1は、発達障害者支援法に定義された広汎性発達障害、学習障害、注意欠陥多動性障害について、アメリカ精神医学会の診断基準DSM－Ⅳ－TRとその改訂版DSM－5で整理したものです。ここでは、発達障害は、大きく分け

て自閉症スペクトラム、注意欠如・多動症、限局性学習症の三つに分類されています。発達障害には、この三つ以外の障害も含まれていますが、ここでは、一般的な代表格のような意味あいで捉えていただければよいと思います。

ＤＳＭ－Ⅳ－ＴＲとＤＳＭ－５で大きく変わっているのが、広汎性発達障害と自閉症スペクトラムです。

ＤＳＭ－Ⅳ－ＴＲでは、広汎性発達障害として、自閉性障害、レット障害、小児期崩壊性障害、アスペルガー障害、特定不能の広汎性障害等の下位項目がありました。それが、ＤＳＭ－５では、自閉症スペクトラムにすべて括られてしまいました。

これは、最近の研究で、下位項目間の差異が明確でないことや、その項目に当てはまらない人が多いことなどが理由です。

スペクトラムとは、連続性という意味です。重度の人や、障害が部分的な人、軽度の人まで、障害の程度、特徴などに違いがあり、それが連続的に変化することを表しています。

自閉症スペクトラムの基本的な特性の主なものは、次の三つです。

①対人関係の障害
②言語・コミュニケーションの障害
③想像性の障害（パターン化した行動・こだわり行動）

次に、発達障害の特性について、もう少し詳しく見ていきたいと思います。

自閉症スペクトラムの特性

自閉症スペクトラムについて、主に発達的な視点から説明をしておきます。

対人関係の障害では、相手と共感することに困難が生じます。これは、共同注意の発達がうまくいっていないことが原因と言われています。

赤ちゃんは、普通六ヵ月ごろになると感覚・知覚、認知(注意など)や手指の動きも発達してきますから、ものを操作することができるようになってきます。しかしその関係は、まだ、赤ちゃんとものという二項的な関係です。赤ちゃんがおもちゃで遊んでいるとき、近くにいるお母さんは全く目に入っていません。ひたすら、赤ちゃんは、ものに関わります。

また、赤ちゃんの「パパパ」「バブバブ」などの喃語(なんご)に応じて、お母さんが共感的に話しかけます。これをターンテイキングと言いますが、このときの関係も二項的です。

九ヵ月ごろになると赤ちゃんとお母さんの間に、ものをはさんでのやりとりが成立します。これが三項関係です。

例えば、戸外で、腕のなかにいる赤ちゃんが犬を見ているのに気づいて、母親が、「あ、ワンちゃんがいたね。かわいいいね」と言いながら、一緒に見るところから始まります。このとき、子どもは、その対象を見ているだけかもしれませんが、犬を一緒に見るという三項関係の発達を促す関わりを実はお母さんはしているわけです。そして、徐々にお母さんが見ているものを一緒に見たりするようになってきます（視線追従）。

そして、子どもと母親が同じものを一緒に見て、顔を見合わせたりして、共感関係が成立してくるのです（協調行動）。

やがて、これが社会的参照に発展していきます。例えば、お家のドアチャイムがキンコーンとなり、お客さんがやってきます。そのとき、子どもは、お母さんについて玄関に行きます。

そして、お客さんを見ているお母さんの顔を見て、嫌そうな顔、怖そうな顔をしていると、子どもは、その状況を察知して、泣いてしまいます。反対にお母さんが、楽しそうな顔、うれしそうな顔をしていれば、子どももニコニコして、そのお客さんに近づくかもしれません。つまり、お母さんの顔を見て、そのお客さんがどういう人なのかを学習しているのです。

自閉症スペクトラムの子どもでは、この発達がうまくいっていないことが指摘されています。これが対人関係の障害となって現れます。

例えば、幼稚園ではいつも一人で遊んでいたり、名前を呼んでも振り向いてくれなかったりします。共同注意の発達については問題視されていますが、なぜうまく発達しないかはわかっていません。

次は、言語・コミュニケーションの障害です。子どもの言語やコミュニケーションは、共同注意の延長線上で発達してくることが明らかにされています。九ヵ月ごろ、お母さんが指さしして、

「ほら、あそこにワンワンがいるね」と言うと、子どもはそちらの方向を見るようになります。そして、うんうん、ワンワンだね、といわんばかりに母親の顔を見ます。一一ヵ月ごろになると、「あ、あ」といいながら自ら指さしをするようになります。やがて、一歳ごろから、徐々に指さしして、母親の顔を見て、共感を求めるようになっていくのです。

このように共感と、人に何かを伝えたいという欲求が、指さしになり、やがて言葉の発達につながっていきます。人に伝えたいという欲求があるから、言葉が発達してくるのです。

しかし、自閉症スペクトラムの場合には、この共感性に困難があり、人に伝えようという欲求があまりないことから、指さしや言葉の発達につながっていかないことが推測されています。

この子たちの要求の出し方は独特です。人にものを要求するときには、クレーンといって、相手の手を取って、自分のやって欲しいものに近づけることで示したりします。

また、自分のして欲しいことだけは伝えるが、相手の言うことには耳を貸さないといっ

た一方通行のコミュニケーションが見られることがあります。

共感性に問題を抱えているので、相手の気持ちを了解することが苦手だったりします。そこから、ＫＹ（空気が読めない）が問題になってきます。

ここからよく言われているのは、その子の楽しい遊びを共有し、おとなと遊ぶことの楽しさをたくさん経験させることの大切さです。その経験をベースに、子ども側から、「もう一度遊ぼうという要求」を引き出すことが、この共同注意の発達を促し、指さし、言葉につながる支援であるといわれています。

最後の、想像性の障害（パターン化した行動、こだわり行動）では、物ごとの意味が理解できないことや、見方が一面的、パターン的であるという認知構造があるために、さまざまな問題が起こることになります。

私の知っている、四歳のさとしくんは、職員室に入るときは、ノックをして「失礼します」と言うことを先生から教えられました。すると、入るときは、ノックをして挨拶もできたのですが、今度は、出るときにも、同じようにノックをして、ドアを開け、「失礼します」と大きな声で言って出て行きました。この場合、なぜノックをするのか、そして、失礼しますと言うのかという行動の意味が理解できていません。そのために、行動がパターン化する可能性があります。つまり、形だけになるので、出るときも同じ行動を繰り返すことになってしまいます。

また、いつも同じ服を着られないとパニックになってしまったりします。夏の晴天の日なのに、長袖のシャツを着て、長靴を履くことにこだわるなどです。

以上が、基本的な三つの障害特性ですが、これ以外にも、たくさんの特性が明らかにされています。

注意欠如・多動症の特性

次に、注意欠如・多動症を見ていきましょう。この子どもは、注意を持続させることが困難なために、集中したり、課題達成がうまくできなかったりします。また、過度に落ち着きがなく、衝動的な行動が目立ったりすることがあります。注意の欠如と多動、衝動性の両方が混合している場合と、それぞれが独立している場合が考えられます。

例えば、幼稚園の一斉活動の際、先生が明日の遠足の話を始めると、あいの手を入れたり、先生の質問に大きな声ですぐに答えてしまったりする子どもをときどき見かけます。

一般的に、三歳児では、衝動的に答えたりする子は少なくありません。しかし、先生の話は静かに聞きましょうと常日頃言われていることもあり、徐々に静かに聞くことができるようになります。でも衝動性のある子どもは、先生が、「明日は、遠足です」と言った途端に「そうだよ。〇〇公園に行くんだよ」と大きな声で言ってしまいます。

また、私の知っているある小学生のお子さんは、下校後、バス停でバスを待っている際、友達と話し込んでしまい、バス停にランドセルを忘れてきてしまいました。あるところに注意を向けると、あるところの注意が疎かになる特性もあります。

そして、多動は、本人も困難さを抱えていますが、周囲の人たちをも巻き込んでしまいます。

これは、あるお母さんから聞いたことです。歩き始めのころから、子どもに落ち着きがなく、手を離すとどこへ行くかわからなかったそうです。そして、二歳になったころには、道路では少しの間も手を離すことができないくらい落ち着きがなく、公園へ行っても目を離せなかったそうです。

当時のことをしみじみと思い出しながら、道路で、もしこの手を離せば、この子は車に轢(ひ)かれて死んでしまう。離してしまおうかと何度思ったかわかりませんと話していました。お母さんの苦悩に胸が詰まります。

限局性学習症の特性

限局性学習症の子どもは、字を読むことができない（ディスレクシア）、書くことだけができない（ディスグラフィア）、あるいは算数の計算だけができない（ディスカリキュリア）などの障害を持つ子どもです。

映画俳優トム・クルーズは、ディスレクシアで有名です。

この障害は、乳幼児期に診断されることはあまりありません。注意欠如・多動症の幼児のなかに、将来、限局性学習症を併発する場合があることが知られています。とはいっても、限局性学習症の子どもたちが乳幼児期にいないわけではありません。実際に米国では、早期に診断し、早期に介入しています。日本では、限局性学習症と自閉症スペクトラム、注意欠如・多動症などに類似する症状が多いため、診断がしにくい、また、一人ひとりの個性の範囲に収まるものなのか判断が難しいなどを理由に、確定診断を先に延ばしている傾向があるように思います。

発達障害の定義

現在は、発達障害者支援法に基づき、今見てきた自閉症スペクトラム（精神発達遅滞がある場合、ない場合両方を含む）、注意欠如・多動症、限局性学習症の三つを発達障害ということが多いです。

しかし、発達障害という概念には、トゥレット症候群や吃音などが含まれています。本書では、前者の狭義の発達障害を取り上げます。そのなかでも、自閉症スペクトラム児が中心になります。

また、図1－2のとおり、この三つは重なる場合があります。

この重なりが、診断を難しくし、診断名が変わったりすることを起こします。診断は、〇〇と〇〇、〇〇の症状があるから、自閉症スペクトラムであるというようにおこなわれますから、そこからは、個人差のある自閉症スペクトラムAくんの現状の詳細は見えてきません。

そうすると、必ずしも診断がなければ支援ができないわけではないことになります。つまり、その子が自閉症スペクトラム、注意欠如・多動症という名前がつかなくとも、その子の困難さ、生きにくさ、学びにくさの現状を分析して、支援することができるということです。

ですから、その一人ひとり異なる障害の状況をよく観察し、分析し理解することが大切なのです。

これが、発達障害児についてのアウトラインです。

この他にも、たくさんの障害特性があることが知られています。

しかし、偏りや、困難性には、一人ひとりの子どもによって違いがあり、個人差が見られます。

次に、発達障害児の個人差について考えたいと思

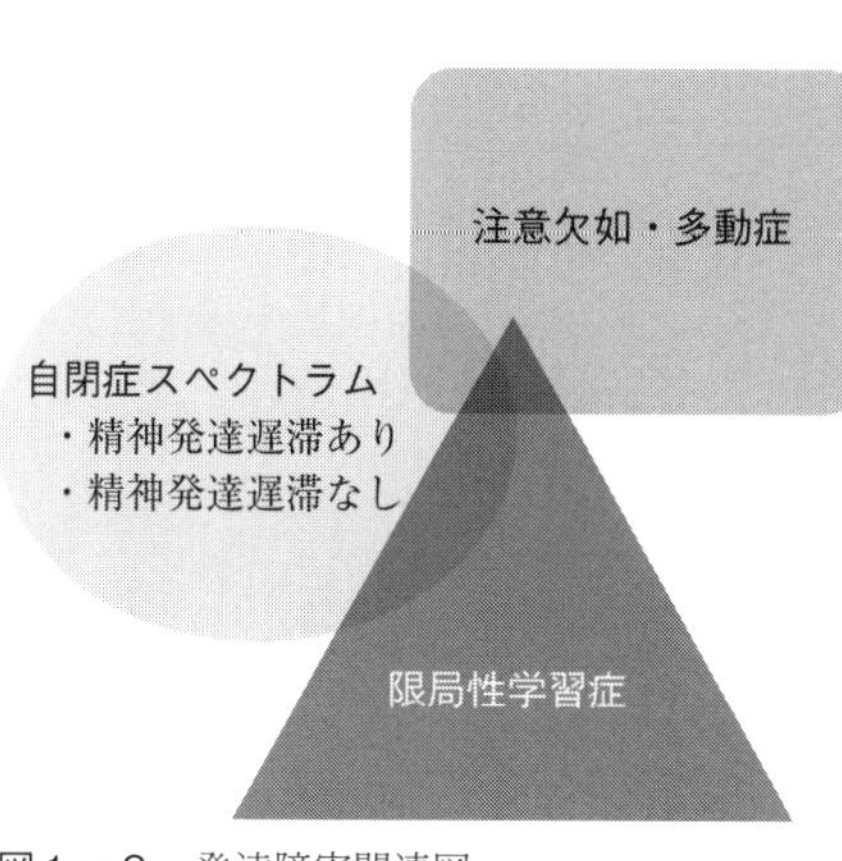

図１－２　発達障害関連図

います。

三人の発達障害児のエピソード

今、発達障害児とはどのような子どもなのかについて見てきました。このように抽象化された概念を見ると、具体的な一人ひとりの子どもについて理解するのは困難です。

ここで三人の発達障害児に登場してもらいます。そして、この三人の発達障害児を比較することによって、発達障害、特に自閉症スペクトラムの具体的な子どもの姿と、一人ひとりの違いを見ていきたいと思います。

Aくん
スーパーマーケットで、お母さんと一緒にレジに並んでいます。前に並んでいるおじさんの目を見て、

「おじさん、何買ったの？ ラーメン買ったの？」と言って、話しかけます。

おじさんも面白がって、

「ぼくは、何歳かな？」と聞きます。

すると、

「四歳だよ。おじさん何歳？」と聞き返します。それを見ていたお母さんが、そのおじさ

んに謝りながら、

「やめなさい。迷惑でしょ」と制止します。

Aくんは、いつもこんな調子で、人に話しかけます。幼稚園でも、お友達によく話しかけ、話し好きです。しかし、友達の嫌がることを言ってしまい、よくトラブルを起こします。例えば、

「ともみちゃんのママって、デブチンだね」と言ってしまい、当のともみちゃんが嫌な顔をしているのにも一向にお構いなしです。

「うちのママ、デブチンじゃないもん」と真っ赤な顔で怒って、スーとその場を離れるともみちゃんを見て、

「え、どうして、デブチンじゃん」と独り言をいいます。

このAくんは、いろいろなところで同じように人の気持ちを考えずに、事実を言うので、トラブルメーカーです。でも、自分は人に悪いことを言ったとは思っていません。人の気持ちを理解したり、人の立場に立って考えたりすることが苦手です。

最近では、対人トラブルに巻き込まれて、訳がわからなくなっています。そして、お母さんに、ときどき「ぼくは、へんなのかな？」と聞いてくるそうです。

Bくん

発達支援センターでは、一人で遊んでいることが多いです。朝の自由時間は、のりで形を貼る活動や、折り紙の活動をしたり、砂文字板（写真1-1）のあ行を全部持ってきて、並べて発音しながらなぞったりを黙々とおこないます。しばらく活動を続けた後は、部屋のなかをふらふらし、先生のところへ寄ってきて、唐突に、

「二〇〇〇年八月に、横浜アリーナでやった嵐のコンサートの舞台には何があったでしょう？」という質問をしてきます。

先生が、

「え、何かなあ？　難しいなあ？」と言うと、すぐに答えが返ってきます。

そこで、先生がすかさず、

「ところで、今日の朝は何を食べてきたの？」と聞くと、Bくんは、スーとその場からいなくなってしまうのです。

このように一方通行のコミュニケーションがBくんの特徴です。

Bくんのお母さんが、嵐が大好きで、よくDVDなどを見ていたので、Bくんの興味を引いたのだと思います。でも、「歌や踊り」ではなく「舞台にあったもの」に興味があるということにも偏りを感じます。

写真1－1　砂文字板。モンテッソーリ言語教具。板に、サンドペーパーで切り抜かれた文字が貼ってある。書き言葉の敏感期（→P87）にある子どもが、人差し指と中指を使って、サンドペーパーの文字を発音しながら、なぞり、文字を認識していく。

この子は、知的発達がボーダーラインだったので、支援学級に進学しましたが、小学校三年生のときに、通常学級に措置替えになりました。

Cくん

人と一緒にいることはあまり好きではありません。家では、プラレールで遊びます。しかし、弟が一緒に遊び始めると、電車を持って部屋の隅に行き、ドライバーで電車の分解を始めます。

お母さんによると、プラレールの電車ばかりか、家じゅうの電化製品を分解してしまうというのです。何度注意しても駄目なので、家庭で壊れて使えなくなった、また、友人からもらい受けた電化製品を分解用として、彼に与えているそうです。そして、壊していいものは青○、駄目なものは赤×のシールを貼ってあるというのです。

また、回転するものが大好きで、何時間も見ているのだそうです。外でちょっと目を離した隙に、知らない人の家のエアコンの室外機を見ていたりするそうです。

幼稚園でも、まだ暑くもないのに扇風機のスイッチを入れたりするので、先生に注意され、もめることがあります。園外保育でも、よその家の室外機を見に行ってしまうので、目が離せません。

でも、知的な遅れはありません。知能検査をすると、知能指数は一〇〇以上あります。

また、話してみると、的確に言葉を使いコミュニケーションがとれます。

幼稚園のクラスでは、一人でお絵かきをしていることが多いです。友達とは、あまりお話をしません。でも、ときどき、クレヨンをわざと床に落としたり、はさみで切った短冊を床にばらまいたりします。そして、先生が来てくれるとちょっとだけうれしそうです。

三人を比べてみると

A、Cくんは別々の幼稚園に、Bくんは発達支援センターに通っています。三人とも、年中児です。
この三人を比べてみて、どのように思われたでしょうか。

まず、三人の対人関係はどうでしょう?

発達障害の対人関係の一般的特徴は、共感関係がうまく発達せず、目と目で見つめ合うなどの非言語行動がとれないことでした。しかし、Aくんは、人が大好きな男の子です。人と話をするとき、目を合わせて話すことができます。町で会う人には、誰彼かまわず声をかけてしまいます。お母さんはここをとても心配しています。

Cくんは、人がそんなに好きそうではありません。でも、わざと失敗などをして先生の気を引こうとします。そして、先生が来てくれると、少しだけうれしそうにするところを見ると、そんなに人が嫌いなわけでもないようです。

Ｂくんも、人と一緒にいたりするのは苦手のようです。しかし、一方通行ですが、教師に話しかけてきます。それを見ると、全く対人関係を遮断しているわけでもないようです。

次に、言葉、コミュニケーションを比べてみましょう。

Ａくんは、言葉の発達が遅れている様子はありません。しかし、ともみちゃんのお母さんのことを平気で「デブチン」と言ってしまいます。それが、ともみちゃんの気持ちを傷つけていることに気づいていません。それに類することが多々あり、クラスで対人トラブルを抱えてしまっています。共感という意味では問題がありそうです。

Ｂくんは、どうでしょう？　言語発達については、語彙などにおいては問題がないようです。しかし、言葉を使ったコミュニケーションという面では、一方通行になってしまいます。Ｃくんは、知能検査では問題がなさそうですが、人との関係を取り結ぶのに、ものを落として、気づいてもらうような関係しか取れません。そこで、言葉はほとんど使われていません。

最後に、こだわり行動を見てみましょう。

Ａくんからは、こだわりのようなものは感じられません。Ｂくんは、嵐のコンサート会場の舞台装置に執着します。Ｃくんは、ものの分解、また、回転するものへの執着があります。Ｂくんの偏りはそれほどでもありませんが、Ｃくんは大きいようです。

自閉症スペクトラムは、対人関係の障害、言語、コミュニケーションの障害、パターン化した行動（こだわり）を特徴とする障害でした。ここにあげた子どもたちは、その基準に当てはまる要素を持っています。

しかし、この三人の子どもたちは、自閉症スペクトラムという括りで括られるものの、一人ひとりを見ると大きな個人差があります。支援する際には、この違いを見ていくことが大切です。

子どもを「みな同じ」と捉えることの危険性

今見てきた自閉症スペクトラムの三つの特性は、自閉症児に共通する要素を集め、抽象化したものです。

私たちは、このような概念でものを捉えることが普通です。例えば、「花」という概念は、現実には全く異なるさまざまな花の特徴を捨象して、共通のものを集めて抽象化したものです。

例えば、どのような形態のものであろうと花びらがある。葉がある。地面に根を張る。そのようなものを「花」と言っているわけです。厳密に生物学的にといえば、それはまた、大変なことになってしまいます。でも、一般的には、こんなものではないでしょうか。

そして、生きていく過程で、異なるさまざまな花を見ますが、それは、全部「花」という概念で理解したことにしているのです。異なるからといって、出会う花をいちいち調べて「これは何か」などとやっていたら、いくら時間があっても足りませんから。こうすることによって、私たちはものを理解する効率性を上げているわけです。そして、これが、言葉です。

そのように見てくると、先の標準化された自閉症スペクトラムの基準は、概念であり、効率よく自閉症を理解させてくれます。そして、わかったような錯覚の世界に導きます。

この錯覚の世界から自閉症児を見て支援しようとするがために、個人差のある一人ひとりとの間に大きなギャップを生み出すことにもなるのです。

つまり、私たちがわかった、理解したという概念で自閉症スペクトラムの子どもを見るとき、そこに大きな誤りが生じる可能性があることになります。

それでは、その錯覚の世界から、支援をおこなったケースについて考えてみましょう。

あるお母さんから聞いた話です。その子は自閉症スペクトラムの四歳の女の子で、りりちゃんと言います。りりちゃんと出会い、関わるようになって気づいたことがありました。それは、すべて、おとなの指示を仰ぐことです。何かやりたい遊びがあると、おとなの顔を見ます。また、給食のときには一切自分からは手をつけません。おとなが、スプーンですくって置いておくと、スプーンを口に持っていき、口の前で止めて、おとなの顔を見ています。そしておとなが、「食べてもよい」というと、初めて口に入れるのです。

　それについて、お母さんに聞いてみました。すると、相談に行って、そのように指導されたというのです。お母さんは、相談のメモを自分でとっていたので、それを見せてもらいました。

　すると子どもをほとんど見ないで、次のような指導を受けたことが書いてありました。

　私がまとめてみると、おおよそ次のようになりました。

「この子は自閉症なので、想像力の障害があり、意味理解が困難で、物ごとを形としてしか理解できない。そのため、パターン化した行動をとる。主体的に、自分で考えて、選択したり、活動したりすることに困難さがある。だから、この子に自由を与えるのではなく、すべて指示をすることが必要である」

　それから、お母さんは、この子にすべて指示をしてきたそうです。

　そこで、このりりちゃんをモンテッソーリ教育の環境で観察してみました。その際、クラス活動では、守らなくてはならない規律以外は、一切指示をしないようにしました。また、家庭でも指示をすることをできる限り減らしてもらいました。

　しかし、すでに指示があって動くことがしっかりこの子のなかに定着してしまっているので、本来のりりちゃんの姿がなかなか見えませんでした。毎日、毎日、クラスのなかをふらふらして一日が終わっていくことが続きました。その間には、友達が楽しく活動している様子を見せたり、友達に遊びに誘ってもらったりしました。二ヵ月が経ったころ、ときおり、自分でやりたい活動を棚から持ってきて、やるようになりました。そして、徐々にではありますが、朝の準備、給食の準備なども指示なしに、自分からできるようになっていきました。

りりちゃんを見ると、確かにパターン的になりやすいところはありますが、それほど強度ではないことが観察されます。

このケースを見ても、理解したと思う概念から見てしまった結果、現実の子どもとの間に大きなギャップが生まれてしまったことがわかります。

ですから、概念から子どもを見るのではなく、一人ひとり異なる子どもを見て、たった一人のその子を理解することをしていかなければ、結果的に子どもを不幸にしてしまいます。また、育つはずのところも、育たない状況に追いやってしまいます。

一人ひとりの違いに根ざすということは、効率性でいえば、とても悪いです。効率を求める私たちおとなにとっては、大変なことなのです。だから、このわかったつもりの概念で子どもを見る見方が、教育、保育などあらゆる世界に蔓延していることが推測されます。

そして、私たちおとなは、それで教育、保育、障害児支援をしてあげたという自己満足に浸ってしまうことが多くあるのです。その一方、子どものほうは、傷を負ったり、二次障害を被ったり、伸びる芽を摘まれてしまったりしているのです。

次に、この錯覚の世界に気づき、そこから、真実の世界で生きるようになった二人のお母さんのお話をしたいと思います。

第二章　錯覚の世界から真実の世界へ

本当の子どもとの出会い

三崎佑真くん（自閉症スペクトラムの男の子）のお母さんと出会ったのは、モンテッソーリ教育の研修会でした。研修会が終わった後、お母さんが質問にいらっしゃいました。

そのとき、

「自分の子どもは自閉症ではないかと思う。これからどうやって育てていけばよいかわからない」とお話しになりました。そこで、モンテッソーリの発達相談にくるように誘ったのです。

相談で佑真くんを観察し、お母さんから聞き取りをして、次のことがわかりました。

①佑真くんは、三人兄弟の末っ子で、現在、三歳一〇ヵ月児。一歳から保育園に通っています。

②小さいころから夜泣きがあり、自分の気に入らないこと（お母さんの表現）があると泣いて、騒いで、てこでも動かないことがあり、育てにくい子だったのだそうです。
③佑真くんを観察すると、細い体で、おどおどしている様子でした。人との会話は発達相応にできます。知的な遅れはなさそうに見えました。
④保育園でも、家庭と同じように、てこでも動かなくなってしまうことがあるのだそうです。理由はわからないとのことでした。

初めての相談が終わってしばらく経ったある日、私が駅へ向かって歩いているときです。部活を終えて、半袖の腕が真っ黒に日焼けした女子中学生の一群が、自転車で家路を急いでいます。その背後から、佑真くんのお母さんが歩いてくる姿が見えました。

「こんにちは」と少しくぐもった声で挨拶をしてくれました。佑真くんのお母さんは小学校の先生をしていて、背筋が伸び、髪を後ろに結い、子どもたちから慕われていると思われる優しい顔立ちです。

前回の相談のときには明るかったその顔に、一筋の暗い陰が射していました。

お母さんは、保育園へ佑真くんを迎えに行くところでしたが、話をし始めました。

「先週の日曜日に家族五人で海へ行ったんです。上の子たちは、海に入って楽しく遊んだのに、佑真だけは、絶対に海には入らないといって大泣きして。それからは、家に帰るまでぐずぐずでした。上の子たちも面白くなかっただろうと思うと、どうして、そんなことで泣くんだろうと思ってしまって」

ときどき、時計に目をやり、保育園の時間を気にしている様子がうかがわれます。私が、今日は保育園のお迎えがあるから、今度の相談のときにお話ししましょうというと、お母さんは、愚痴のようなことをいって申し訳なかったといって保育園のほうへ足を数歩運びましたが、踵(きびす)を返すようにこちらに向き直りました。

「先生、私はつくづく思うんです。子育てって難しいなって。上の二人の子のときは、保育園に預けて、ひとりでに大きくなってしまったように感じます。でも、佑真は、何を考えているか全くわかりません。一つ一つの行動の意味が、見当もつかないんです」

もっと話したそうでしたが、続きは、今度の相談のときにしました。お母さんは小走りで、保育園へ向かっていきました。

相談日がやってきました。お母さんは部屋に入るなり、先日の夕暮れ時の立ち話で時間をとらせて申し訳なかったと頭を下げ、今日は、自分の話を聞いてもらいたいので、子どもは連れてこなかったのだと言いました。午後の一番暑い時間、外からは、七日の命をかけて鳴く蟬の声が、まるでお母さんの真剣さに呼応するかのようにあたりにしみています。

お母さんと一緒に、この間の立ち話を振り返りました。

「本当に佑真のことは、わかりません。何を思っているのか、全くわからないんです。海に入らないといって、どうしてあんなに泣くのでしょうか？　長男のときは、やはり海が怖いと言って泣いていましたが、少し水をかけて、大丈夫、大丈夫と海に強引に入れて、お父さんが抱いて、泳がせたりしているうちに、楽しくなって、後は、全く問題なかったのに。

次男も、やはり、最初は怖いと言って、なかなか入ろうとしなかったんです。でも長男のときと同じにやれば大丈夫と、夫と一緒に水に入れました。海のなかに入るのは嫌がりましたが、水際で遊ぶのには何も問題はありませんでしたし、楽しんでいたと思います。ただ、次男は今も水が嫌いで、プールには入れますが、泳いだりするのは苦手です。

佑真は、大泣きに泣いて、絶対に水に触ろうとさえしません」

そして、しばらく、沈黙があり、深く考えているようでした。その後、おもむろに顔を上げ、

「でも、思い返せば、上の子たちのことも理解していたのかといわれると、怪しいなって感じます」と独り言のようにつぶやきました。

そして、話を続けました。

「考えてみれば、私は、子どもはみんな同じように考えていました。でも、よく考えてみれば、三人の子は大きく違っているのだと思います。佑真のことを考えるようになって、

上の二人の子育てを思い返すと、同じようだと思っていた二人も、大きく違っているのですね。だから、次男のときも、どうして水が怖いのか、もう少し考えてあげればよかったのでしょう。慣れるのに時間が必要な子なら、自分から水際に行くまで待ってあげればよかったのかもしれません。そうすれば、今、水が嫌いだなんてなかったのかも。子どもはみんな同じように見えて、同じ関わりをすればいいと勝手に思い込んで、そして、待たずに教えてしまったのですね。

ところが、佑真のように、自分の勝手な思い込みの子育てがうまくいかなくなると、自分の今までのうまくいっていた子育てが全否定されたように感じて、それは、子どもが悪いからなんじゃないかと思ったりしてしまうのです」

お母さんの頬を流れていくものがありました。

このお母さんは、その後、佑真くんという一人の「個」と向き合い始めました。そして、佑真くんの「手伝って欲しいところ」に手が届くようになりました。

しばらくして訪れたとき、考え詰めたという真剣な表情で、

「あれから、どうして子どもは『みんな同じ』と思っていたのか考えました。教員免許を取るときに大学で学んだこと。自分の子育てや、小学校で子どもたちと生活するうちに、自分のなかに子ども観みたいなものが作られてきたのだと思います。

子どもは一人ひとり違うはずなのに、〝集団〟という見方で捉えていたんです。そし

て、集団のなかの子どもは、みんな同じであり、こういうもの、それが正しいと思って毎日生活していたと思います。

でも、今回、佑真のことで、私の子ども観なんて、底が浅いものって感じました。そして、次男のことを考えると自分の浅薄な子ども観を子どもに押しつけて、水が嫌いな子どもにしてしまったと深く反省したんです。

今まで学校で出会った子どもたちも、みんな私に合わせてくれていたのですね」

このように、素直な気持ちを話してくださいました。

今では、自分のクラスの子どもたち一人ひとりを「個」と捉え、できる限り対応しようと真剣に取り組んでおられます。

どうして海に入ることを嫌がったのか?

佑真くんの行動を観察しました。また、お母さんやクラスの先生から情報をいただきました。そうすると、佑真くんのストライキは、海に入ることだけではありませんでした。まず、名札をつけるのを嫌がっていました。お母さんが強引につけようとすると絶叫します。また、靴は、いつも左右逆に履きます。これも直そうとすると、嫌がります。佑真くんは、新版K式発達検査の結果、発達指数は一一〇です。発達指数の平均は一〇〇ですから、それより高いことになります。言葉もはっきりしていて、どこかおどおどしていますが、人とも話をすることができます。そして、きわめつけは、保育園では、楽しそうではないもののプールに入っているというのです。これで、水が怖いのではないことがわかりました。

また、人がそばに寄ってくるのを嫌がります。人を寄せ付けません。特に慣れない人が、彼の半径五〇センチ内に入ってくると、逃げていきます。だから、一人で机の前に座っていることが多いです。

あるとき、彼と話をしていると、

「トイレで、おしっこをしないと病気になるんだ」といいながら、トイレに行く様子が見られました。先生に、彼の排泄について聞くと、前はずっと我慢していて、我慢の限界がくるとお漏らしをしていたとのことでした。いつかわからないが、トイレに行くようになったのだそうです。どうして行くようになったかはわからないとのことでした。

観察と情報分析をして、あることに気づきました。それは、彼がトイレに行くときに言った言葉です。

「おしっこしないと病気になるんだ」と少し脅迫されたようにつぶやいて、トイレに行くのです。

お母さんに、トイレについて佑真くんに伝えたことはないか聞いてみました。すると、トイレに行かないと病気になってしまうことを、人体図鑑を見せながら、少し脅し気味に話したということでした。

ここまでのことを、整理してみます。

「海に入ることを拒否する。でも保育園のプールは入る。名札を嫌がる。靴は左右逆で、直されると嫌がる。おしっこをトイレでするのを嫌がる。でもその後、母親が、病気になることを伝えると行くようになる」

ここでの疑問は、どうして、海には近づかないのに保育園のプールに入るのか？　ということと、トイレでしないと病気になることを伝えるとトイレに行くようになったのはなぜか？　ということです。

これだけではよくわからないので、試してみることにしました。トイレに行かないと病気になると伝えたら行くようになったわけですから、名札について伝えてみたらどうかということです。

名札をつけないと、迷子になったとき誰からも助けてもらえないこと、誰も名前を覚えてくれないことなどを絵本にして、読んで聞かせました。すると、話しているときから、「嫌だ、嫌だ」とかなり困った顔をしていました。

どうでしょう、翌日名札をつけてきたというのです。お母さんに聞いてみると、突然、前日帰ってきたときから、名札はどこへやったと聞き、「名札をつけないと困るんだよ」と言ったそうです。そして、今日の朝、お母さんに名札をつけてと言ってきたというのです。

　私は仮説を立てました。

『彼は、否定的なことを言われたり、怖い話を聞いたりすると、それが頭に入ってしまい、なかなか抜けなくなってしまうのではないか。そして、そのことが行動を妨げてしまうのではないか。

　トイレを我慢するようになったとき、誰かに何か言われたのかもしれない。でも、その後、それを打ち消すものを視覚的に具体化した形で見て、つまり、別な観点から見て納得できれば、すでに入っていることを修正することができるのではないか』

　もし、この仮説が当たっていれば、同一性保持、実行機能の問題である可能性が高いことになります。

　海に入らないことについては、お母さんに海にいく前に、海に関する何かがなかったか聞いてみました。すると、海に行く一週間前くらいに、海の生物の本をお兄さんとお父さんと一緒に見て、話していたというのです。そのとき、お父さんとお兄さんは、サメは怖いとか、深海には恐ろしい魚がいるとか言っていたのを佑真くんは全部聞いていたそうです。

「それだ」と思いました。そこで、砂浜の海水浴場から遠浅の海、深い海、深海などがわかるような模型を作って、海水浴場にはサメや深海魚は絶対にいないことを説明しました。その結果、次に海に行ったときは、海に入ることができたそうです。その他の問題も、目に見える形で具体的に、詳しく説明することで、ほとんど解決しました。

この仮説から考えられることは、佑真くんにいろいろなことを伝えるときは、よい意味、プラスイメージを伝えることが大切ということです。

また、いったん入ってしまったマイナスなイメージを変えられることもわかりました。そのためには、そのものの役割、意味など別な側面を視覚的に説明する必要があります。その後、納得すれば、佑真くんは行動を変えられるのです。

家族で関わり方を変え、保育園の先生にも協力してもらったことにより、こだわりは減っていきました。でも、完全ではありません。

子どもはみな同じ?

もう一つのエピソードをお話ししましょう。

ある幼児教育機関で、公開保育があったそうです。そこに参加した渚先生に後日談として聞いた内容です。渚先生のお子さんは、発達障害を持っています。

渚先生が、公開保育が終了し、その休憩時間に、そこで出会った数人の先生方とお話をしたときのことでした。

今回の公開保育のなかに発達の気になるお子さんがいたことを、ある先生が話し始めたそうです。

「○○クラスにいたあの男の子見た？　先生ちょっと大変そうだったわね」

そういうと別の先生が、

「そうそう、一斉指導で、先生の指示に従わなかったでしょう。できないから先生が教えようとすると、やらない、やらないと連呼して、反抗するのよね」と応じます。

「何も公開保育のときまで反抗しなくてもね。担任の先生、かわいそう。でも、どうして、あんなになっちゃったんだろう」と別の先生が言うと、今度は、自分たちのクラスの子どものことについて話し始めたそうです。

「私のクラスの裕弥くんは、二歳になるのにTシャツが脱げないし、着られないのよ。みんなできるのにね」と心配そうです。それにつられたのか、他の先生たちもお集まりのときに座っていられないとか、給食の片付けなどを全くやろうとしないなど、いろいろなことを言っていました。

渚先生も、この話の輪に入っていたときに、先生方の困り感は当然のことだと思ってしまったそうです。そして、先生たちの「みんなできるのに、あなただけ、なんでできないの？」という思いもわかるような気がしました。

そんな雰囲気のなか、休憩後、給食を食べている子どもたちを視察する機会がありました。すると、ほとんど全員が完食しているのに、ご飯とおかずを残している一人の子どもがひどく目立ちました。そして、担任の「いつも食べるのが遅い」という説明を聞き、みんな一定の時間で完食なのに、この子はそれができない、困ったものだという空気にいつの間にか飲み込まれてしまっていたのだそうです。

しかし、その場を去り、一人になり、我に返ると、そこにいる一人ひとりの子どもは、顔も姿もみんな違うのが当たり前なのだから、できるようになるまでの時間に違いがあって当たり前なのではないか、できないことができるようになるためには、一人ひとり違うプロセスがあっていいのではないか、と思えてきたそうです。

そして、先生方の「なんでできないの？」という表現は、できて当たり前のことができないのは変だという意味で使われていたようだと思えてきて、腹が立ってきたそうです。今まで、自分は一人ひとりの子どもの違いを大切に保育をしてきたのではなかったのかと、深く自分を見つめ直したそうです。

このできごとを通して、渚先生は、この先生たちは、子どもはみな「同じ」という錯覚の世界に住んでいるのではないかと思ったそうです。そして、自分も一瞬、錯覚の世界に迷い込んでしまったようだと感じたのです。

同時に、自分も、子どもはみな「同じ」という感覚を持っているのではないかと気づいたそうです。また、あの場で、どうして他の先生方に合わせてしまったのだろうと何度も自問したそうです。

今二つのエピソードを読んでいただきました。これは、実際にあったことを個人が特定できないように脚色したものです。

これを、お読みになり、どんな感想をお持ちになったでしょう。実際に、話し合いをしたいところですが、それは不可能なので、私の考えに少し、お時間をいただければ幸いです。

みんな「同じ」という錯覚

二つのエピソードには、子どもを、おとなが作り上げた概念から見るとらえ方が潜んでいます。兄弟も、クラスの子どもたちも、そこにいる子どもたちは、みんな「同じ」という見方です。同じ年齢の集団では、できるところも、できないところもほぼ同じ、だから○○はできるのが当たり前という感覚になります。

つまり、その年齢や発達にあった定式化された教え方で、ほぼすべての子どもは、ちゃんとできるようになるはずという考え方です。

最初のエピソードの三崎佑真くんのお母さんは、子どもの水慣れはみんな同じと考えていました。多少の個人差はあっても、同じように関われば、乗り越えられる誤差のようなものという考えでした。

しかし、三男の佑真くんは、そんな誤差どころではなく、困って、悩んだ末に、気づいたのです。子どもは、みな「同じ」ではないんじゃないか、むしろ、一人ひとりみんな違う、その違いをくみ取ってあげないと、その子は人生で困ることになりかねない、ということに気づいたのです。身につくものも身につかないし、水泳の授業などで楽しめない状況になってしまうのではないか。

佑真くんのお母さんは、次男の水慣れを長男と同じにおこない、水が嫌いな子どもにしてしまったことを反省していました。慣れるのに時間がかかる子だったのかもしれないと。「個」として次男を見てあげれば、水が嫌いな子どもにしなくて済んだのではないかと後悔しているのです。

渚先生の公開保育を振り返ってみましょう。ここでも、子どもを概念化して見ていることに変わりありません。

そして、このみんな同じという枠（別名「集団」といいます）に入っていれば、あるいは、入っていてくれれば、先生は安心します。たぶん、親も安心すると思います。そうすると、同じやり方で、同じものを与えて教育すれば、問題なくうまくいくことになるはずですから。このような状況では、子どもを「個」として感じることはまずありません。

しかし、みんな同じという枠からはみ出すとき、多くの先生や親が初めて「個」を意識するのです。つまり、クラスのほとんどの子どもができているのに、できないことや、みんながしないことをするとき、困った名前のある○○ちゃんになるのです。

つまり、「個」として感じるときは、子どもをマイナスに捉えるときなのです。

そして、みんなができているのにできないのはかわいそう、みんなと一緒にできるようにしてあげなければと考えます。集団からはみ出す、それならはみ出さないようにしてあげなければと考えます。どうして、子どもは、一人ひとり違うのに、いつもみんなと一緒になることを求められるのでしょう。

集団に合わせていける子はいいですが、佑真くんのようにどうしても集団からはみ出すような子どもは、どうすればよいのでしょう。この世界のなかでは、偏り幅の大きな子どもは受難です。

ここで大切なことは、集団に合わせることではなく、一人ひとりの育ちではないでしょうか。子どもは、他と違う自分を成長・発達させたいと願っています。どうしてって、最初から一人ひとりは、次の点で違っているのですから。

・認知の違い（感覚、知覚、認知、注意、記憶など）
・新しいものを受け止める時間の違い
・先行経験の違い
・興味・関心の違い
・意欲の違い
・自己選択力の違い

・自己コントロールの違い
・お仕事（遊び）へ取りかかるまでの時間の違い
・お仕事（遊び）への取りかかり方の違い
・お仕事（遊び）への取り組み方の違い
・集中力の違い
・お仕事（遊び）をおこなう早さの違い
・理解の仕方、理解に至るまでのプロセスの違い
・できるようになるまでのプロセスの違い
・取り組む回数の違い
・思考方式の違い

子どもは、世界にたった一人しかいない自分を、自分で成長・発達させていかなければならないというミッションを与えられているのです。

インテグレーションからインクルージョンへ

いつも子どもはみんな「同じ」と捉え、何か問題が起こるときだけ、「個」になるということを考えてきました。そして、そのみんな「同じ」は、錯覚であり、ややもすると私たちは、その錯覚の世界に入り込んでしまい、一人ひとりの子どもの違いにも気づかない

まま、日々の営みを続けているのかもしれません。

そして、子どもは、何もないように育っていきますが、後で大きな問題がでてきてしまったりします。

しかし、本当の子どもの姿は、一人ひとりみな違うのです。その違いを前提に、子どもを見ること、育てることが大切です。

概念化した子どもの集まりであるみんな「同じ」という見方の延長線上には、定型発達児と発達障害児という二元論的な見方が出てきます。

その見方は、二項対立ともいいます。定型発達児は大多数で、発達障害児は少数なので、どうしても前項の定型発達児が基準、良いもの、後項の発達障害児は、少数、悪いものという見方になりがちです。

そして、少数の発達障害児を定型発達児の集団にうまく統合するためにはどうすればよいのかを考えてきたのが、統合教育・保育、インテグレーションといわれているものです。

しかし、これでは、うまくいかないことが多かったのです。

なぜなら、基準はあくまで、多数の定型発達児の集団にあるからです。定型発達児が生活したり、学ぶための能率性、効率性を中心に考えられた教育環境、教育システムです。

今まで見てきたとおり、一人ひとりを見ると偏りを持っている子どももたくさんいます。

というより、みんな一人ひとり偏っているといってもよいかもしれません。

そう考えてくると、今までの平均的な教育システムは、いったい誰のためのものだったのだろうという疑問さえ起こります。

もし、一人ひとり違う子どもと見てもらえないなら、発達障害の子どもたちはいつも平均から外れた「個」になり、とても息苦しい思いをすることになります。いつも困った子だと問題児扱いされることになりますから。これは、「いじめ」「不登校」の問題にも通じるところがあります。

それでは、どうするのか？　今まで、この本にお付き合いいただいたあなたは、もうすでにおわかりだと思います。平均化した概念で、定型発達と発達障害とを分けるのではなく、すべての子どもを一人ひとり異なる存在として、ありのままのその子を受け止めることが必要なのです。そこに、悪いとか、障害とかの価値判断は全く必要ありません。

このような教育は、インクルーシブ教育と言われています。

インクルーシブ教育とは何でしょうか。ユネスコの「インクルージョンのためのガイドライン」（Guidelines for Inclusion）では、「インクルージョンは、学習、文化、コミュニティへの参加を促し、教育からの排除をなくしていくことによって、すべての学習者のニーズの多様性に応じること」としています。

すべての学習者のニーズの多様性に応じるということは、多様な子どもが同じ環境に置かれることだけを意味していません。一人ひとりの子どもの違いを受け止め、それぞれにあった適切な教育がおこなわれることを意味しています。つまり、すべての子どもの人格、才能、創造力、精神的、身体的な能力を最大限発達させることです。

そのためには、現行の教育のあり方を見直すことが必要だと思います。その手がかりになるのが、モンテッソーリ教育です。

モンテッソーリ教育はインクルーシブ教育

モンテッソーリ教育は、始まったときから、子ども一人ひとりが異なることを前提にした教育システムでした。なぜなら、マリア・モンテッソーリは医師であり、最初に取り組んだ対象が障害児だったからです。

イタールやセガンという先達（せんだつ）の医師から、子どもに働きかけ、それを観察するという自然科学者の研究スタイルを学んだ人でした。また、日々の臨床から、個人差の大切さを学び、感じてきた人でした。

ですから、モンテッソーリ教育は、一人ひとり異なる子どもを前提にすべての教育システムが考えられています。

そのために、モンテッソーリ教育環境には、どんな子どもでも包摂、包容できるだけの許容量があります。つまり、始まったときからインクルーシブ教育であったといえるのではないかと思います。
それでは、これからモンテッソーリ教育の可能性について見ていくことにしましょう。

第三章 モンテッソーリ・マフィア現象と発達障害

第一章では、発達障害の特性（平均化された概念）に、目の前にいる一人ひとり異なる子どもの一部を当てはめて、判断してしまうことの危険性を見てきました。

第二章では、子どもは、一人ひとり異なるのだから、その違いを受け止めていかないと潰れてしまうかもしれないことも見てきました。

そこで、発達障害児の偏りをみんなと同じにしようとして、潰してしまわないために何が必要なのかを考えてみたいと思います。

まずは、モンテッソーリ・マフィアと呼ばれる人たちの話に、耳を傾けてみましょう。

モンテッソーリ・マフィア現象

二〇一一年の「ウォール・ストリート・ジャーナル」にペーター・シムズ氏が「モンテッソーリ・マフィア」（THE MONTESSORI MAFIA）という記事を掲載しました。ペーター・シムズ氏は、次の人の名を挙げ、「MONTESSORI MAFIA」と表現しています。

セルゲイ・ブリンとラリー・ペイジ（コンピューター科学者、グーグルの創業者）

ジミー・ウェールズ（ウィキペディア創始者）

ジェフ・ベゾス（アマゾンの創業者）

マフィアと聞くとマーロン・ブランド主演の映画『ゴッドファーザー』やアル・カポネが脳裏をかすめます。

しかし、マフィアを英和辞典で調べてみると、①一九世紀シチリア島で結成された秘密結社、犯罪集団、現在では特にイタリアやアメリカの犯罪組織、②有力者集団となっており、必ずしも犯罪者集団のみを指す言葉ではないのです。

モンテッソーリ・マフィアとは、モンテッソーリ教育という教育法によって、人間形成をおこなったクリエイティブ・エリートの組織、派閥、集団などの意味になります。

そして、シムズ氏によると、ここに挙げた著名人たちはモンテッソーリ教育の幼稚園や学校で学び、そこで彼らの創造性が培われたというのです。

このほか、マーク・ザッカーバーグ（フェイスブック創業者）、ビル・ゲイツ（マイクロソフト創業者）、スティーブ・ウォズニアック（アップルの共同経営者）なども、「モンテッソーリ・マフィア」に数えられます。確かに、彼らは、さまざまな分野で革新的なアントレプレナーとなり、今や世界を牽引するリーダーたちです。

彼らは、どうして世界を牽引するリーダーになったのでしょう？　それは、彼ら自身の「語り」によると「クリエイティビティ」、つまり「創造性」によってということです。

それでは「彼らの世界を揺るがすほどの創造性はシムズ氏が言っているように、モンテッソーリ教育が育てたのだろうか？」という問いを検証してみたいと思います。

これについて、米国のジャーナリスト、バーバラ・ウォルターズが、二〇〇四年にグーグルの創設者ラリー・ペイジとセルゲイ・ブリンにインタビューしました。ラリー、セルゲイ、両人の両親とも大学の教員でした。そのことが彼らの成功の原因なのかと尋ねたのです。すると、両人ともモンテッソーリ・スクールに通ったことが創造的な仕事での成功のためにとても重要であったと答えたのです。

しかし、いくら世界を牽引するクリエイティブ・エリートとはいえ、こんな少数の意見だけで、創造性とモンテッソーリ教育の因果関係を結論づけることはできません。

この疑問には、ブリガムヤング大学のジェフリー・ダイヤー教授たちの研究結果がある示唆を与えています。

彼らは、「会社経営者の創造性」について六年間の調査研究をおこないました。まず、三〇〇〇人の経営者に調査をおこないました。次に、そのなかから革新的な会社経営に取り組んでいる者、あるいは新しい製品、もの（システムなどを含む）を生み出している創造力の持ち主、五〇〇名を抽出して、インタビューをおこないました。

すると、彼らの多くがモンテッソーリ・スクールの卒業生だったのです。

このように見てくると、シムズ氏の言うとおり、彼らの創造性を育てたのは、モンテッソーリ教育であるようです。

次に、問題となるのは、モンテッソーリ教育は、彼らの創造性をどのように育てたのかということです。

これについて、ラリー・ペイジとセルゲイ・ブリンは、

「人から与えられる事柄を習得するのではなく、主体的に学ぶこと、世界で起こっていることに疑問を持つこと、他とほんの少し違うことをすること」にあると語っています。

また、ダイヤー教授たちが調査したモンテッソーリ・スクールを卒業したアントレプレナーたちは、

「一人ひとり異なる好奇心や興味・関心に基づいて、自発的に学ぶことができた」と答えています。

この意見をまとめたとき、「自分の興味・関心によって自発的、主体的に学ぶ」ことが一番大切であり、それをモンテッソーリ教育で学ぶことができた。そのために、彼らは創造性を育て、革新的なアントレプレナーとなり、世界に貢献できていることになります。

多くの人は、英才教育であるモンテッソーリ教育が、彼らを頭のよい子に育てた、あるいは、成績を上げて、よい学校、例えばハーバード大学に入れたと予想していたのではな

いでしょうか。

ところが、彼らが言っていることは、「創造性とそれを育てた自発的、主体的な学び」が重要だった、ということなのです。

これについては、もう一度、後で考えてみましょう。

もう一つの顔

ここで、このクリエイティブ・エリートたちを別の角度から見てみましょう。そうすると、彼らの多くが、偏った人であるという側面が見えてくるのです。

例えば、映画『ソーシャル・ネットワーク』のなかのザッカーバーグは恋人エリカと口論の末、フラれます。その腹いせに、ハーバード大学のサーバーをハッキングし、美人女子学生の順位付けサイトを立ち上げ、あまりのアクセス数により、サーバーをダウンさせてしまいます。

このことで後から女子学生に総スカンを食らうだろうということを想像できていませんし、そこに顔写真を出され、比較される人の気持ちに立ち返ることもできなかったと思われます。また、エリカにフラれたのも、彼女の気持ちを理解できないことが原因だったと考えられます。

ここに、人の気持ちがわからないという偏った特性を見るのは私だけでしょうか。しかし、プログラミング能力では、人目を引き、ハーバード大学のコミュニティサイト『ハーバードコネクション』の立ち上げを任され、その後、たちまちにしてソーシャル・ネットワーキング・サービス「フェイスブック」の創設者になっていきます。

また、アマゾン創業者ジェフ・ベゾスの母親は、次のようにインタビューに答えています。幼いベゾスがモンテッソーリの幼稚園に通っていたとき、興味・関心のある活動に集中していました。その集中の度合いは、次の活動に導くために担任が彼を椅子から引き離さなければならないほどだったというのです。

このベゾスの過度の集中力にも偏りを感じます。

また、ビル・ゲイツもかなりの偏りのある子どもだったことが知られています。他児にはほとんど関心がなく、一人で何かに集中していることが多かったようです。

次の例は、将棋の藤井聡太棋士です。彼もモンテッソーリ教育の幼稚園で育ちました。お母さんによると、母の日に作ったハートバッグが気に入って、毎日、幼稚園で作って持って帰ってきたそうです。一〇〇個ぐらいになったということですから、少なくとも一〇〇日間、毎日作ったことになります。この興味の限局と集中力に偏りを感じます。

しかし、彼らの偏りは、一人ひとり異なる「個」という見方をするとき、悪いものではありません。それは、むしろ素晴らしい個性なのです。そして、これが伸ばされたから、彼らの成功があったのです。

「みな同じ」でなければという見方で、彼らの良さ、偏りを矯正されたら、たぶん、彼らの自己実現はなかったと推測されます。私は、いろいろなところでお話をする際に、「あなたが、もし藤井くんのお母さん（担任）だったら、彼が毎日ハートバッグ作りをするのを許容できますか？」と聞いています。すると多くのお母さん、現場の先生方は、首を横に振ります。どうしてでしょう。やはり、みんな同じ枠に入って欲しいのだと思います。

それでは、ここで彼らの二つの顔をまとめておきましょう。

一つは、創造性により、世界の著名人になったという面です。

そして、二つ目は、彼らは偏り幅の広い子どもであり、「みんな同じ」であることに合わせなければならないような環境では、育つのが難しい人たちであったことです。

この二つの面を持つ彼らを育てたのは、モンテッソーリ教育でした。

では、その教育について見ていきましょう。

偏りのある彼らを育てた教育

彼らは偏っていて、他のみんなとは違うところがたくさんあります。その彼らを潰さずに、むしろ、彼らの持っていた偏りを伸ばし、創造性を引き出したのがモンテッソーリ教育であるのなら、それはそもそもどんな教育なのか？　という問いが起こります。

モンテッソーリ教育は、マリア・モンテッソーリによって確立されました。マリア・モンテッソーリは、イタリアで女性として初めて医師になった人です。

二〇世紀初頭以前のヨーロッパでは、子どもは「空っぽのコップのようなもの」として扱われていました。子どもの「発達」という概念さえ極めて限られた学者以外には認められていない時代でした。つまり、子どものなかに、おとなが知識などを注ぎ込んでやらなければ、何もわかるようにはならないのだ、成長しないのだという考えです。

このような時代で、医師としての訓練を受けたモンテッソーリは、その経験科学者の眼で子どもを観察しました。そして、子どもは、自分の内部に発達のプログラム、無限の可能性、潜在的なさまざまな能力を持っていることを明らかにしました。

このさまざまな能力を開花させるために、モンテッソーリは環境の重要性を見いだしました。子どもは自分の内部の声を聞いたなら、環境に集中して関わり、自分で自分を教育するからです。

そのためモンテッソーリ教育は、一斉・一律の教育形態は採用していません。子どもを椅子に座らせて、先生が前に立って、同じことを同じように教える教育ではありません。

子どもの発達にあったさまざまな教具・教材を環境に置き、子どもが、主体的に自分のやりたいものを自由選択し、取り組み、自己教育をするための自由教育をめざしたのです。

この自由と環境こそが、偏った彼らを包含し、彼らの強い個性が潰されず、のびのびと育つことができた大きな要因となります。

もし平均化された概念で捉えた「みんな同じ」という集団のなかに入れられ、みな同じになることを求められていたなら、彼らの偏りと強い個性は、とうの昔に潰されていたに違いないのです。彼らの創造性の開花もなかったかもしれません。

今ここでは、世界を牽引するリーダーになった人、成功した人たちのことを述べてきました。

発達障害と言われている人々はたくさんいます。彼らもまた、偏りの強い人たちです。世界のリーダーになった人たちのように、「みな同じ」という集団に入れられたら、潰れてしまうのです。彼らもたくさんの可能性を秘めています。その可能性を引き出すためにも、一人ひとりみな違うことを前提とした教育が必要なのです。

写真３－１　モンテッソーリ教育活動

非認知能力

彼らは、偏りの幅の広い人たちであり、その個人差をくみ取ったのがモンテッソーリ教育であったことについて見てきました。

次の疑問は、彼らの創造性をどう育てたのかです。彼らの語りにもう少し耳を傾けると、創造性以外にも大切な力を挙げています。それは、好奇心、興味・関心、意欲、自主性、主体性、集中力、自制心、自信などです。

これらの力を最近の心理学では、非認知能力といっています。今まで、能力というと、頭の良さ、知能、成績の良さなどの認知能力のことでした。一般的には、これら認知能力が、彼らを世界のリーダーにする力と見なされがちです。

しかし、彼らを世界のリーダーにしたのは、非認知能力であるというのです。さらに、この非認知能力は、モンテッソーリ教育によって育てられたと彼らは語ります。

では、なぜこの非認知能力が彼らをリーダーにしたのか？　そして、モンテッソーリ教育は、どのように非認知能力を育てていったのか？　という二つの問いが生まれます。

これらの問いについて、認知・非認知能力とモンテッソーリ教育との関係を、次の章で見ていくことにしましょう。

第四章　認知・非認知能力を育てる

認知能力と非認知能力

一九〇五年、アルフレッド・ビネーとテオドール・シモンによって、知能検査が作られました。この検査は、フランスが全員就学になるにつれて、学力が追いつかない児童の存在が顕在化し、その子どもたちをあらかじめ峻別（しゅんべつ）するためのものでした。

検査で測定されているものは、知能です。知能の内訳は、言語能力、論理数学的能力でした。以来、この知能が認知能力と同じものを指すことが多いのです。

これに対して、非認知能力は、なかなか定義されてきませんでした。

ようやく、現代の知能論者ガードナーは、対自的能力（自己の成長・発達と健康）と対他的能力（自己と他者・集団の関係性）を非認知能力と位置づけました。

対自的能力は、自分に関係する能力のことです。主に、意欲、自尊心、自己コントロール力、自律性、内発的動機付けなどを指します。対他的能力とは、自分と他者との関係についての能力です。思いやり、心的理解、共感性、道徳性、向社会的行動などが挙げられます。

先生方の認知・非認知観

今、子どもの現場で働いている幼児教育に携わる先生方は、子どもの能力について、どのように考えているのでしょう。

従来どおりの知能という考え方で、認知能力が子どもの一番重要な能力と考えているでしょうか。そうではなく、もっと別な考えなのでしょうか。もし認知能力を重視する考えなら、認知主体、つまり、「文字・数」重視の保育・教育がおこなわれていることになります。

これについて、二〇一九年、佐々木、髙橋、大橋（東北心理学会）は、認知／非認知尺度の開発のための調査をおこないました。「子どもの能力や力には、どのようなものがあると思うか」という質問をしたうえで、認知・非認知に関する五五項目を選び、子どもの能力として一～四までの数字で評定してもらいました。

その結果、次のことがわかりました。

①先生方の間でも、非認知能力と認知能力が明確に分けられ、認識されている。

②非認知能力が、認知能力より、重要な能力であると考えられている。

つまり、現場の先生方は、子どもの能力としては、文字、数といった認知能力よりも、好奇心、興味・関心、選択力、意欲、他者を大切にする、思いやり、優しさなどの非認知能力を大切な能力と考えているのです。

それでは、一般の社会においては、どうでしょう。次にそれを考えてみたいと思います。

認知能力への信仰

子どもの能力として、認知能力を重要視する考えが以前からあります。子どもは、頭がいいほうがよいですすね。何でも言われたことをすぐに理解し、身につける子どものほうがいいでしょう。

つまり、知能が高い子ども、言語能力や数的処理能力が高い子どもはよい子どもとして、おとなの評価が高いですし、私たちは自分の子どもがそうであって欲しいと願っています。

ですから、〇歳からの早期教育塾に入れたり、早く読み書きができるように猛特訓をしたりします。有名私立小学校の受験で評価しているのも、この認知能力です。

つまり、社会全体が認知能力を高く評価しているので、子どもの将来を考えても、認知能力が高くあって欲しいと望むのは、ごく当たり前の親の心理です。

それを科学的に証明したのは、一九九四年にアメリカで出版された『ベル・カーブ』です。リチャード・ハーンスタインとチャールズ・マレーという当代きっての知能学者が実証的研究をおこないました。

そして、次のような結論を導き出したのです。

①知的能力やＩＱが高ければ、経済的に豊かになり、低ければ貧困になる。

②社会的階層は、知的レベルや、ＩＱが同じ水準の人たちによって形成されている。

③ＩＱは、ほとんどが遺伝される。

これに基づき、教育・福祉への提言がおこなわれているのです。

貧困層は、ＩＱ、つまり認知能力が低いことが予測されます。そのため、この階層への教育はほとんど無意味なので、しないほうがいい。そして、貧困対策をすると、結局、出産が増え、低階層の人口が増えるだけなので、止めるべきだというのです。

日本においては、アメリカ社会よりも貧困層が明確ではないかもしれません。しかし、最近では、日本においても相対的貧困層は確実に増加しています。

そのような状況で、親はますます自分の子どもの認知能力を上げたいと考えるようになります。

ひょっとして、今、モンテッソーリ教育が人気なのも、認知能力を高める英才教育だからという口コミによるものかもしれません。

モンテッソーリ・マフィアについて第三章で書きました。彼らの記事やインタビューなどの情報が出てから、アメリカのネット上で、多くのモンテッソーリ教育をおこなう幼稚園や学校がホームページにこれら著名人の名前を載せるようになりました。モンテッソーリ教育で世界の著名人が育てられた、だからモンテッソーリ教育を取り入れている我が校の教育は素晴らしいと……。

この現象は日本へも飛び火しており、日本のモンテッソーリ教育実施園と言われる幼稚園、保育園、個人立の子どもの家などのホームページでもよく見かけるようになりました。

ここにも、やはり認知能力を育てる英才教育という面を感じてしまいます。

しかし、先に書いたとおり、モンテッソーリ・マフィアたちが自分の才能を開花させたのは、決して英才教育により認知面を訓練されたからではありません。

非認知能力の研究

そもそも、認知能力が優れていると、社会から高い評価を得て、幸せな人生を手に入れることができるのでしょうか。

「できる」あるいは、「できる可能性が高まる」と多くの親は考えます。よい成績、よい学歴で成功して、自分の人生は幸せだと感じている親は、認知教育である英才教育に何の疑いも持っていません。

この認知万能主義的な考えに、懐疑的な見方を示しているのが、ジェームズ・ヘックマンです。彼は、ノーベル経済学賞の受賞者であり、南カリフォルニア大学やシカゴ大学のプロフェッサーです。

ヘックマンの研究は、ご存じの方も多いと思います。ヘックマンは、一九六二～一九六七年まで、「ペリー就学前プロジェクト」をおこないました。

場所は、アメリカ合衆国ミシガン州。

そこに住む低所得家庭の子どもたちへ就学前教育がおこなわれました。その結果を四〇年にわたって、縦断的に研究したのです。

就学前教育の内容は、午前中に二時間三〇分、教室で支援をしました。また、週に一度、教師が各家庭を訪問し、九〇分の指導をしました。これを三〇週間続けたのです。支援の内容は、非認知能力を育てることをメインにおこなわれました。子どもの自発性を重視する教育活動です。

教育的効果として、支援を受けたグループと受けなかったグループを比較すると、支援を受けたグループでは、以下のような結果が明らかになりました。

①特別支援教育の対象になる子どもが少なくなった。

②一四歳時点の評価の結果、基礎学力がついている子どもが多かった。
③留年者、退学者が減少した。
さらに、四〇歳の時点で、その両者を比較すると、以下のような結果が明らかになりました。
①月額二〇〇〇ドル以上の収入がある者が多かった。
②持ち家率が高かった。
③生活保護受給者が少なかった。
ここで疑問が起こります。非認知教育といっても、結局、認知教育であり、知能が伸びたから、この教育的効果、四〇歳時点の経済効果が起こったのではないか？　一四歳時点での基礎学力、高校卒業などみんな、認知能力によるものではないのだろうか？

非認知教育の支援を受けた子どもは、最初のうち認知能力である知能が高くなったそうです。しかし、その効果は徐々に薄まり、支援が終了して八歳になるころには、ほとんどなくなってしまったのだというのです。

つまり、認知能力である知能に差がなくなってしまったのです。

それにもかかわらず、基礎学力が上がったこと、高校を卒業できたことを考えたとき、この変化の原因が非認知能力である可能性が高まります。何ごとにも意欲的に取り組むことができた、あるいは、少々のことではくじけず、挑戦することができたことなどが原因ではないかと推測できるのです。
非認知能力を育てるのは、すべての子どもが、生涯、幸せに生きるための大切な土台を作ることなのです。

発達障害児にとっての認知・非認知教育

非認知能力は、発達障害のある子どもたちにとっても、とても大切な力です。しかし、定型発達児教育と同様に、障害児教育の世界でも、メジャーなのは認知能力です。

一九六〇年代から、障害児のためのさまざまな訓練法が、世界中で雨後の筍（たけのこ）のように確立されてきました。人々は、障害を治すことに血眼になっていた時代でした。訓練、訓練と叫び、障害の根っこは、脳や体の疾患であり、そのためにさまざまなことができなくなっている。最新の科学に根ざした訓練をすれば、できないものができるようになり、障害は治るに違いないという人道的な願いがあったと思います。

おとなの訓練がうまくいかないと、脳の可塑性のあるうちにと、どんどん年齢が下がり、早期、超早期訓練となって、乳幼児から過酷な訓練を強いるようになりました。

発達障害という概念がなかった時代には、微細脳損傷と言われる子どもたちがいました。この子どもたちにも、認知訓練、遊びの訓練などが盛んにおこなわれていました。

例えば、着席訓練があります。子どもに五分間座るように強制し、時間を延ばしていくというものです。できたら褒める、あるいは、キャンディなどを与えます。また、子どもの興味・関心などとはかけ離れたおとなの考えた遊びのプログラムを強要することも日常茶飯事でした。飴と鞭の時代です。この時代のことを「医療モデル」と言います。

そして、大量の二次障害児を生み出してしまったのです。子どもたちは遊びを強制されるので、意欲を失いました。いつも与えられ、受け身の状態に置かれるので、主体性、自分で考えることを止めてしまったのです。

そんな時代の反省から、一九九〇年代ごろからは、障害を治すのではなく、参加することが大切であるという認識になっていきました。障害があっても、周囲の人々、環境の力で、社会に参加し、主体的に学び、生活することが大切であるといわれるようになったのです。これを「医療・生活統合モデル」といいます。

今見てきたとおり、障害児教育の歴史でも、認知能力主体で、それを伸ばす教育を推し進めれば進めるほど、非認知能力はしぼんでしまったのです。悪いことに、最初の目的であった認知能力でさえ育てることができませんでした。

しかし、モンテッソーリ教育は、この時代を通して、この認知・非認知能力をバランスよく育ててきたのです。

次に、モンテッソーリ教育が、認知・非認知能力をどう育てていくのかを見ていきたいと思います。

第五章 発達障害児のためのモンテッソーリ教育

敏感期

まず、モンテッソーリ教育の重要な概念である敏感期をご紹介しましょう。

子どもが、自分を発達させるために自ら環境に働きかけるある時期のことを言います。

敏感期には、秩序への敏感期、運動の敏感期、感覚の敏感期、言語の敏感期、数への敏感期、文化への敏感期などがあります。

例えば、運動の敏感期について説明しましょう。

〇歳から六歳までの年齢のスケールをとったとき、微細運動（腕・手などの発達）、粗大運動（体全体の発達）は、同時進行で進みます。それを重み付けという観点で見ると、前半（〇歳から三歳）は、主に粗大運動の敏感期です。後半は、主に微細運動の敏感期となります。

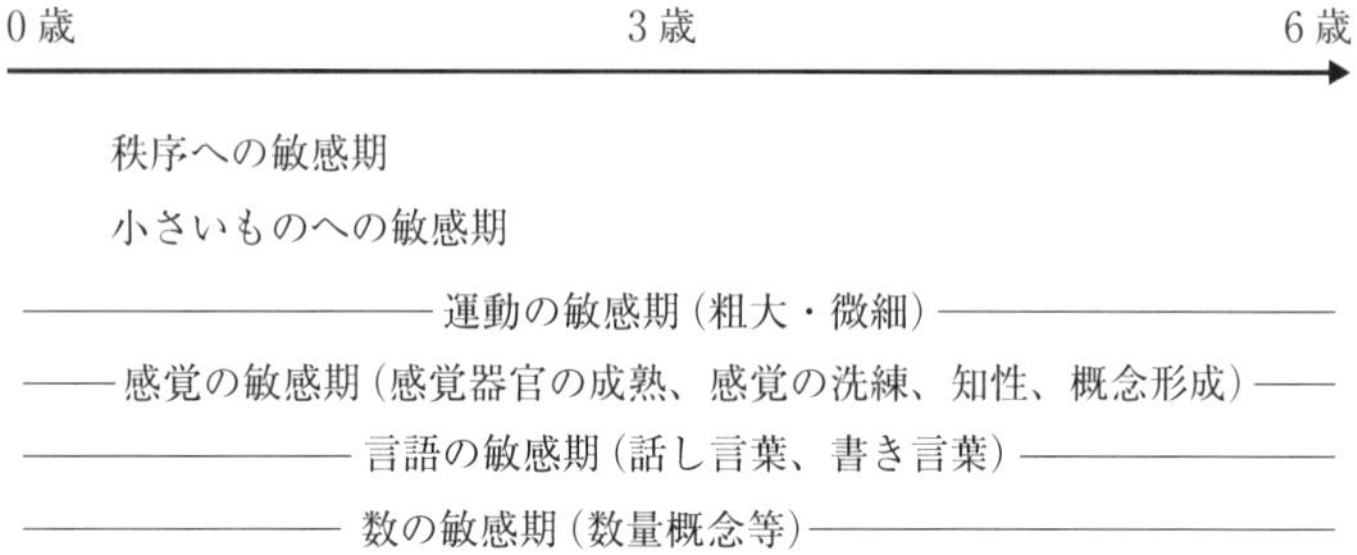

0歳　3歳　6歳

秩序への敏感期

小さいものへの敏感期

運動の敏感期（粗大・微細）

感覚の敏感期（感覚器官の成熟、感覚の洗練、知性、概念形成）

言語の敏感期（話し言葉、書き言葉）

数の敏感期（数量概念等）

図5－1　敏感期

粗大運動は、反射という不随意運動の段階から随意運動の段階へ移行し、首座り、寝返り、よつばい、つかまり立ち、歩行と発達していきます。例えば、寝返りが課題としてスイッチが入った子どもは、布団、畳、絨毯などで一生懸命寝返りに挑戦する姿が見られるようになります。一歳半ごろからの微細運動の敏感期は、認知能力である目と手の協応、両手の協応などが課題になりますので、ティッシュペーパーを引き抜いたり、トイレットペーパーを引き出したりといったことを盛んにおこなうようになります。

二歳、三歳になると、模倣期も手伝って、家庭で両親の日常生活に興味・関心を持ち始めます。お母さんのやっている掃除機をかける、拭き掃除、炊事、洗濯もの干しなどあらゆるものに興味を示します。お母さんがちょっと目を離している瞬間に、お母さんの化粧水などの瓶のふたをすべて開けてしまったりします。また、口紅を回して出して、自分の顔に塗ったりします。これは、おとな側からすると「いたずら」ですが、子ども側からすると、今まさ

写真５－１　運動の敏感期に対応する日常生活の練習の用具

写真５－２　瓶のふた開け

に、自分の微細運動を獲得しようと一生懸命になっている姿です。瓶のふた開けは、目と手の協応動作、手首を回す動きを獲得しようとしておこなっているのです。

このような子どもの姿を見たら、運動の敏感期であり、動き（運動能力）を獲得しようとしていると理解することが大切です。

しかし、化粧水の瓶のふたを開けて、なかから大切な液体を出してしまうなどの行為は、家庭では許されないことです。でも、運動の敏感期にある子どもは、やってみたくてたまらないのです。

そのような場合には、空き瓶をたくさん準備して、かごに入れておきます。そして、子どもが何度でも、自分がやりたいだけできるようにする工夫が必要です。

このように運動の敏感期に対応しておこなわれる教育分野を、モンテッソーリ教育では日常生活の練習といっています。

感覚の敏感期では、五感（視覚、聴覚、触覚、嗅覚、味覚）という感覚を洗練します。例えば、子どもは、胎児のときから、五感を発達させています。六ヵ月の胎児の羊水

写真5－3　感覚の敏感期に対応した感覚教具

に、サッカリンを入れると、胎児が羊水を勢いよく飲み始めたというアメリカの実験があります。これにより、胎児の段階ですでに味覚が発達していることがわかりました。

また視覚も、強い光を妊婦のおなかに当てると、眼球運動が起こることも観察されています。

そうして生まれてきた赤ちゃんは、徐々に環境からの刺激を受け感覚器官を発達させ、二歳から三歳ごろまでには、環境にあるものを見たり、聞いたりすることができるようになります。

しかし、まだ、微妙な形の違いを見比べる、音の違いを聞き分ける感覚器官ではないのです。そのため、子どもは、公園で小さいありをじっと見つめたり、わざと小さいものを探しては拾って見るなどの行動を通して、自分の感覚器官を自分で刺激し、自己教育します。

このような子どもの行動を、感覚の洗練とモンテッソーリ教育ではいいます。その発達を支援するための教育を感覚教育といい、それに対応して感覚教具があります。

写真5－4はピンクタワーという感覚教具です。一辺が一センチの立方体から、一センチずつ大きくなり、一辺が一〇センチまでの一〇個で構成された教具です。この大きさの微妙な違いを見比べることによって、視覚の洗練をする教具です。また、大きさの概念を整理するものにもなっています。

言語の敏感期は、前半を話し言葉の敏感期、後半を書き言葉の敏感期といっています。話し言葉の敏感期では、もちろん、環境中にあるお母さん、お父さんなどの話し言葉に敏感になり、それらを吸収する時期です。書き言葉の敏感期は、文字に興味・関心を持ち、それを学ぶ時期です。モンテッソーリは、書き言葉への興味・関心が一番高まるのは、四歳ごろといっています。

数の敏感期では、量や数字などに興味・関心を持ち、それを獲得したいという願いが高まります。

写真5－4　ピンクタワー

このように各敏感期に、子どもは自分の発達課題を達成しようとして、外の世界に興味・関心を持ち、関わります。そして、この子どもの学びには、法則があるのです。

次に、その法則を見ていくことにしましょう。

モンテッソーリ教育の「学びの法則」

モンテッソーリ教育には、学びの法則があります。これは、モンテッソーリが子どもの観察に基づいて発見したものです。

子どもは、敏感期が来ると、能力を獲得するために、環境に主体的に働きかけます。そのとき、どんな子どもでも、この学びの法則によって、発達していきます。

図5－2のように、出発点は、子どもの興味・関心です。

子どもは、環境に興味・関心を持つと主体的に関わろうとします。例えば、指先を使ってつまむ動きを獲得するという敏感期にある子どもは、這っていって床で見つけたもの(興味・関心)を、一生懸命つまもうとします(主体的な自己選択)。

そして、それに集中します(集中現象)。それを何度も何度も繰り返します。

ある程度繰り返すと、自分でその活動を止めます。そして、つまめたことの達成感、満足感を味わいます(満足感・達成感)。

繰り返すうちに、より容易に、短時間で、ものをつまむことができるようになります

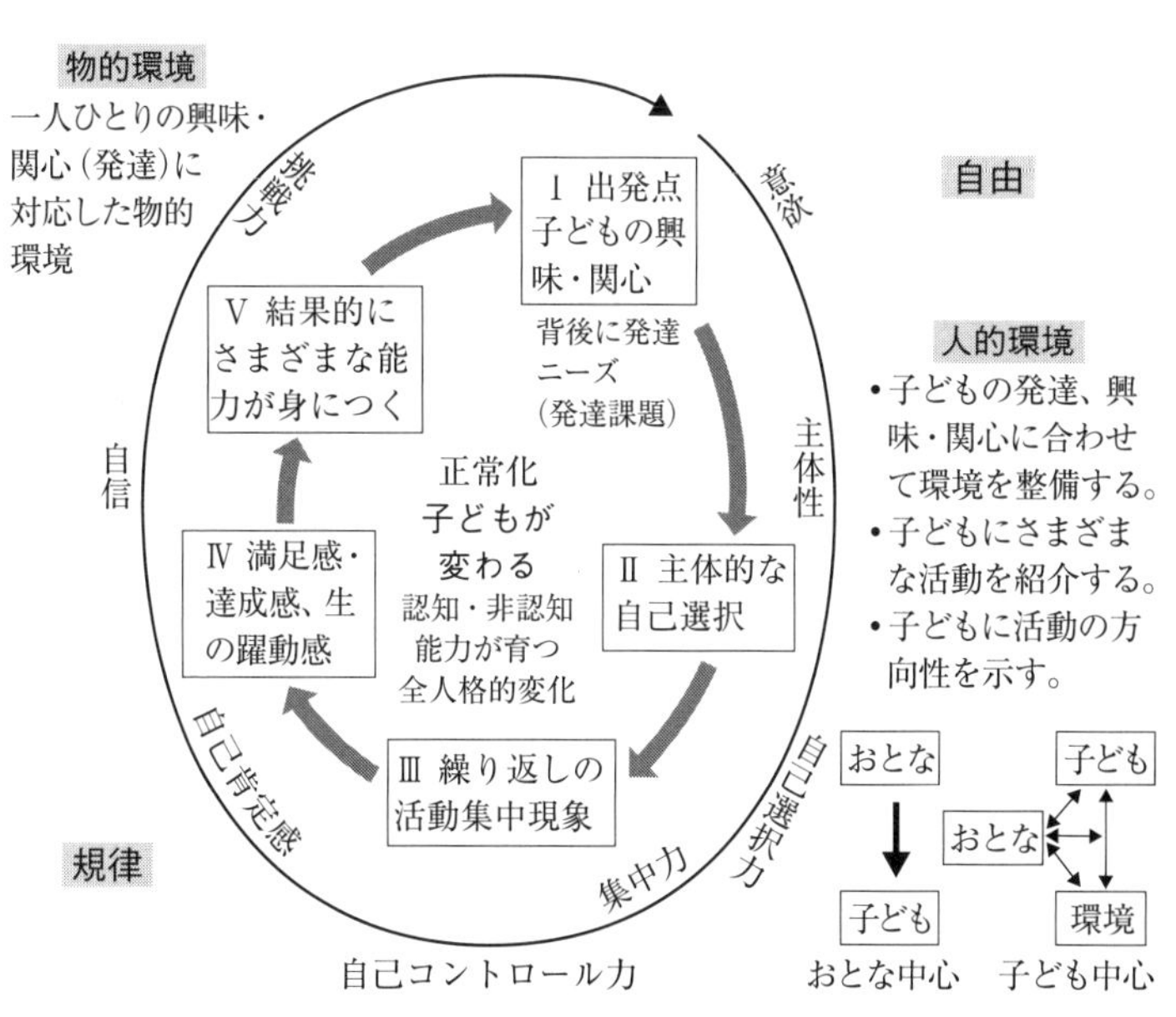

図５－２　学びの法則

（つまむ運動能力の獲得）。

文字についても見てみましょう。三歳、四歳ごろの子どもから、お手紙をもらうことがあります。そこに何が書いてあるかというと、「〇〇×ｰｰ・・・」というようなものが書いてあります。これは、子どもが文字に興味・関心を持っている、つまり文字の敏感期に入ったことを表しています（興味・関心）。

お母さんに、自分の名前にあるひらがなを書きたくて、『「あ」ってどう書くの？』と言ってきたりします（主体的な自己選択）。

そして、お母さんが教えてあげると、それを何度も何度も夢中で書きます（集中現象）。ある程度おこなうと自分でその活動を止めます（満足感、達成感）。そして、「あ」という文字が書けるようになるのです（文字の獲得）。

このようにして認知能力が獲得されます。

その際、子どもの興味・関心から出発するので、意欲などの非認知能力も育てられることになります。また、各段階を進むことで、自己選択力、集中力、自己コントロール力などの非認知能力が育てられていきます。

何かができるようになるという認知能力の獲得は、その前の興味・関心、自由選択、集中現象、達成感・満足感という一連のプロセスの結果なのです。

この学びの法則は、図5-2のように時計回りの螺旋状の輪になっており、この輪を何度もまわることによって、認知はますます高度なものになっていき、非認知は、より確かなものになっていきます。

最終的に、子どもは正常化するのです。正常化とはどういうことかというと、多くの子どもの逸脱発達に関係しています。

子どもは、周囲の物的・人的環境がよくないために発達が阻害されます。例えば、素直でなく、反抗する、嘘をつく、暴言をはく、暴力を振るうなどです。

しかし、学びの法則の輪をまわると、子どもは、自分を成長・発達させよう、よりよいものになろうとする本来の存在に戻っていくのです。これを、モンテッソーリ教育では正常化といっています。

それでは、次に、この学びの法則に基づいて学んだ発達障害児の軌跡を紹介したいと思います。

発達障害児の学びの法則

美咲ちゃんのケースを通して、説明していきます。

美咲ちゃんは、自閉症スペクトラム、知的障害（軽度）、弱視があります。年齢は、五歳一ヵ月の女の子です。私が、発達支援センターのモンテッソーリクラスを担任していたときの子どもです。その年度に、他の保育園でうまくいかず転園してきました。

保育園の先生は、彼女は集中力がなく、すぐに飽きて、席を立つ落ち着きのない面があるとおっしゃっていました。何にも興味がないみたいで、意欲もないというのです。また、我慢することができず、お友達の使っているブロックなどをとったりするそうです。お昼寝はせず、友達の間を歩くと、目がよく見えないこともあって、手や足を踏んで、トラブル続発というのです。

この美咲ちゃんが、モンテッソーリクラスで興味・関心を持ったのは、給食のときのティーサービスでした。この興味・関心の背後には、目が悪いので、五歳になっても、目と手の協応、両手の協応などが課題としてあったのだと思います。そして、人の役に立ちたいという社会性なども発達課題としてあったでしょう。

私たち（複数担任、二名配属）のクラスには、一〇名の子どもたちがいました。すべて障害児です。その一〇名が、給食の「いただきます」をした後、ティーサービスが始まります。その日、給食当番だった子どもが、一人ひとりの子どものところにいって、「お茶いりますか」と聞き、「はい」と表現した子どものコップにピッチャーから注いであげるのです。

彼女は、それをやりたくて、給食当番ではないのに、ピッチャーのところにいき、何度も注意されていました。そして、大泣きします。

この子の興味・関心をどうくみ取るか考えました。今すぐティーサービスをさせれば「お茶をこぼす」「友達にかかってしまう」など修羅場になることは想像がつきました。

そこで、弱視であることも考え、高さ一五センチ、口の直径が一二センチの少し大きめのピッチャーを二つ用意し、そのなかに色水を入れて、自由選択できるように教具棚に置いておきました。すると彼女は、それを目ざとく見つけ、机に運びました。そして、片方のピッチャーからもう片方に水を入れようとしましたが、目がよく見えていないこともあり、すべてをこぼしてしまいました。

それを、彼女と一緒にぞうきんと台ふきんで拭き、また、水を汲んできて、またこぼします。

彼女は、朝来ると、毎日この活動に集中しました。私たちは、彼女の集中力と根気に頭が下がりました。本当の興味・関心があると、ここまでやるのだと思いました。入れて、こぼしては拭く、ということを一ヵ月続けたころでしょうか、こぼさなくなったのです。

誰が教えたわけでもないのに、彼女は自分の指を片方のピッチャーに掛けると、そこへ水をかけるようにして、水を注いでいるではありませんか。

写真5－5　色水を注ぐ

そして、こぼさず水を注げるようになったとき、表情の乏しい彼女の「やった。できた」という満足そうな顔を今でも忘れることはありません。

そして、彼女は、実際のティーサービスを見事やり遂げたのです。そうすると不思議なことに、友達とのもめごとなどがなくなってしまいました。とにかく、次に興味・関心を持ったものに時を惜しむように関わるようになりました。

楽しく、面白いことがあれば、待つことができます。

楽しく、面白いことがあれば、我慢をすることができます。

楽しく、面白いことがあれば、一生懸命取り組みます。

楽しく、面白いことがあれば、いろいろなことができるようになるのです。

これは、発達支援センターでの話ですが、家庭でも子どもたちは、この学びの法則で学んでいきます。

しかし、発達障害児は、楽しく、面白いことがあるのにそこへ到達できません。それは、学びの法則をまわる以前にさまざまな問題を抱えているからです。その問題を解決しないと、落ち着いて何かを学ぶという状況にならないことが多いのです。

次に、この問題をモンテッソーリ教育と現代科学の知見で、どう解決できるのかを考えてみましょう。

第六章　家庭環境を整える

モンテッソーリ教育と現代科学のコラボレーション

今見てきたとおり、すべての子どもは、学びの法則により、認知・非認知能力を育てていきます。

しかし、この学びの法則をまわって、自己教育をするためには、一日を落ち着いて、安定して生活できることが必要です。次のような状況を想像してください。

①家で遊んでいる子に、「買い物に行くよ」と言って、連れていこうとするとパニックになる。一度パニックになると、一時間から二時間くらいでようやく切り替えることができる。場面の切り替え時には、必ず起こる。

②朝から情緒が不安定で、突然泣いたり、怒ったりする。お母さんには、理由がさっぱりわからない。

③手先が不器用なため、自分でやりたい活動ができず、ものに当たったり、自分の頭を壁に打ちつけたりする。

このような状況が、日常的に起こるなら、子どもが落ち着いて何かを学べるような状況ではありません。また、家族にとっても気の休まることがないと思います。家庭で何ができるのか見ていきたいと思います。

モンテッソーリ教育は、障害児教育から始まりました。そのため、モンテッソーリは、多くの子どもたちを観察するなかで、すでにこのような問題があることを知っていました。身体的・精神的な問題などが障害児の学びを阻害するのです。解決するためには、医学などのアプローチが必要であることも認識していたのです。

つまり、モンテッソーリ教育は、当時から障害児への医学などのアプローチをおこない、学びの土台作りをしていたのです。

しかし、モンテッソーリ教育が定型発達児の教育になった後の過程で、医学などのアプローチとはつながりが弱くなってしまいました。その間に医学、心理学などの現代科学は研究を深め、多くの知見を得たのです。

そのため、モンテッソーリ障害児教育では、再度、現代科学と手を携えることが必要です。

図6－1を見てください。発達障害児のためのモンテッソーリ教育と現代科学の関係を

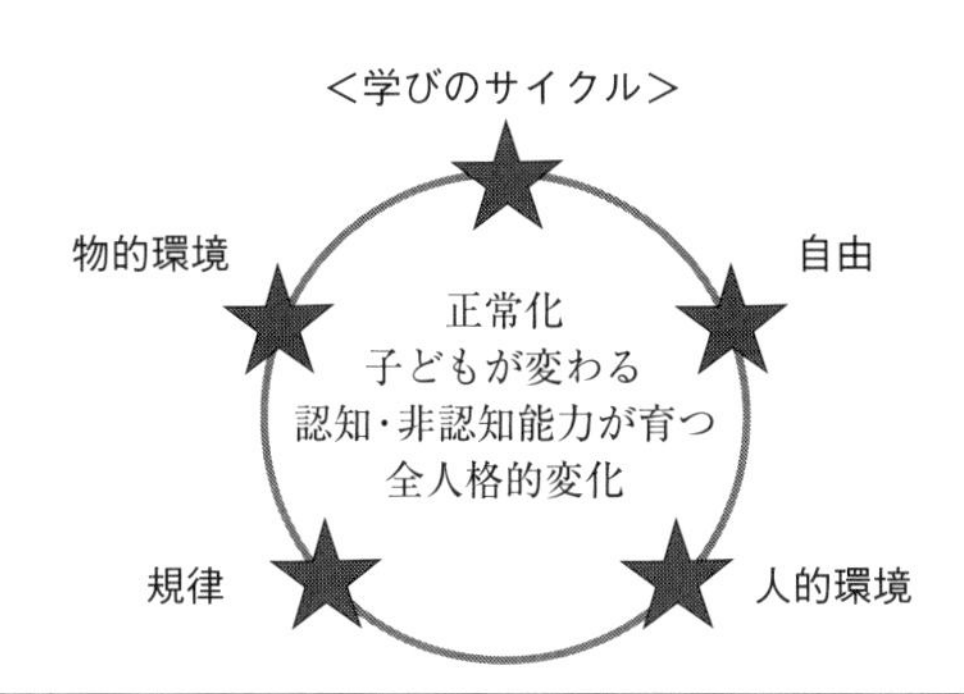

<学びのサイクルをまわるための準備・土台>
発達障害児が一日を落ち着いて、安定して生活するための
家庭における支援方法
物的環境＝家庭環境を整える　　人的環境＝関わり方を整える

モンテッソーリ教育　＋　科学的知見 心理学、教育学、医学等

図6－1　モンテッソーリ教育と現代科学のコラボ

図示したものです。

上にある円が、モンテッソーリの学びの法則です。それを取り囲んで、学びの法則を子どもたちがまわっていくときに必要な、モンテッソーリ教育の基本である物的・人的環境、そして自由と規律があります。

その下には、今、お話ししてきました発達障害児が落ち着いて、安定した生活ができるための家庭での支援について示しています。これが、土台、準備になって、モンテッソーリの学びの法則をまわることができます。

この土台、準備をどう作るの

か、モンテッソーリ教育をベースに、現代科学の知見を取り入れながら考えたいと思います。これが、現代科学とのコラボレーションです。

一つ目は、家庭環境をどう整えればいいのかを考えます。発達障害児では、家庭環境のわかりにくさがトラブルの原因の一つです。二つ目は、発達障害の子どもにどう関わればいいのかを考えます。障害特性、認知特性などを理解しながら関わることによって、落ち着いた、安定した関係になることが多いからです。

発達障害児が落ち着いて過ごせる家庭環境を整える場合、

①わかりやすい環境であること。

②発達を支援する環境であること。

この二つの要素を満たすことが最低限必要だと思います。

発達障害を持っている子どもたちは、さまざまなものの理解において、健常児と大きく隔たっているところがあります。そのために、私たちおとなは、彼らにわかりやすい環境を準備できず、ストレスをかけている可能性があります。

モンテッソーリの時間の教育

発達障害の子どもは、その日、どんなことがあるか、あるいは、今の次に何があるのかがわからないと、とても不安になる場合が多いです。つまり、急な予定変更、先の見通しが立たない状況への不安があります。

この不安を抱えていると、一日を安定して過ごすことができなくなります。落ち着いて、遊ぶ、学ぶことができなくなってしまうのです。

この不安がどうして生まれるかには、いくつかの仮説があります。

自閉症スペクトラムの三つの障害を思い出してください。その一つに、想像性の障害がありました、これにより、次に起こること、あるいはその先に起こることが想像できず、不安になるのかもしれません。私たちも、次に起こることが全く想像できない状況に置かれると不安になりますね。

また、同一性保持がありました。一度頭に入ってしまうとなかなか切り替えが困難になります。朝、お母さんと一緒に起きて、お母さんと着替えをして、お母さんが抱っこして、一階へおりてくるというパターンが形成されたとします。ある日、お母さんは実家に不幸があり、夜中に出かけてしまいました。翌朝、お父さんと一緒に起きました。そして、お父さんは、着替えを持って、手をつないで、一階におりようとしたのです。すると、パニックが始まりました。これは、一度できあがってしまったパターンとしての日課から切り替えることの困難さを表しています。

その他の見方もあります。

自閉症スペクトラムは、求心的統合に弱さがある人が多いことが知られています。これは、イギリスの医師ウタ・フリスが言っていることです。どういうことかというと、時間という具体的な形のない概念に対する理解の困難さです。そのため、時間が経過して未来へ進んでいることが感じられません。終わりの時間が近づいていることがわからなかったりします。

私がドイツで出会った自閉症の子どもに、ミヒャエルくんがいます。彼は、部屋Aで、ジャンヌ先生に会いました。そこで、ジャンヌ先生は、ミヒャエルくんに「おはよう」の挨拶をして、部屋Bに行きました。その後、しばらくしてミヒャエルくんは、部屋Aで朝の準備をして出て行きました。するとそこに、ジャンヌ先生がいたのです。すると、ミヒャエルくんは部屋Aに戻って、ジャンヌ先生がいないかを確認しているのです。もちろん、そこにジャンヌ先生は、いるはずがありません。しかし、ミヒャエルくんは、時間の経過とともに状況が変わり、時間は後へは戻らないということが理解できないのです。不思議に思いますが、ミヒャエルくんもこちらをとても不思議に思っているのかもしれません。

時間が経過していくことがわかっていないのに、現実は、経過していくわけですから、とても不安になることは想像がつきます。

それなら、今日、何が起こるのかを言葉で伝えてあげればよいのですが、そこにまた、困難性を持っている子どもが多いのです。

この本の第一章で発達と絡めてお話ししたように、自閉症児は、言葉の発達が遅れていて、言語理解に問題を抱えていることが多いからです。そのため、今日の予定を言葉で説明しても、理解できないことがあります。

さらに、記憶の問題を抱えていることが多いです。記憶は、ごく簡単にいうと、短期記憶と長期記憶があります。情報は、最初短期記憶に入って、必要なものは、そこでリハーサルされて長期記憶に蓄えられます。

しかし、自閉症スペクトラムでは、この記憶の容量が少なくて、入る先から抜け落ちてしまう場合が多いのです。ですから、いくら伝えても、忘れてしまうことになりかねません。

そのような状況を知ると、彼らの先の見通しが立たないことへの不安は、理解できると思います。

自閉症スペクトラムのプラス面を活かす

自閉症スペクトラムの子どもにも得意なことがあります。その得意面を上手に使って、困難さを補うことができます。その一つが、視覚優位です。

私たちの感覚器官には五感があります。視覚、聴覚、触覚、味覚、嗅覚です。このうち私たちは、子どもも含めて、主に視覚と聴覚を使って、外界からのさまざまな情報を取り入れ、学び、遊び、生活しています。

自閉症スペクトラムの子どもでは、視覚的情報処理が優れているとよく言われます。視覚的情報処理とは、目から入ってくる情報を脳で処理することを言います。

これには、二つの意味があります。一つは、定型発達の子どもたちと比較したとき、自閉症スペクトラムの子どもたちが、視覚的情報処理に優れているという場合です。

もう一つは、自閉症児の持っている視覚的情報処理能力が聴覚的情報処理能力より優れているという場合です。専門的には、前者を個体間差、後者を個体内差といいます。

個体間差については、その得意な能力についてよく耳にします。

例えば、定型発達児は、何ピースもあるパズルをするとき、その絵柄をイメージし、絵と絵を合わせて構成していきます。それに対して、自閉症児は視覚的弁別力が高いので、ピースの形のみを見て、パズルを完成させることができます。その年齢でできるピース数をはるかに超えたパズルをあっという間に完成させてしまったりします。

また、あるワイン工場で、瓶詰めされ、コルクを嵌(は)める前のワインが、ベルトコンベアー上を流れてきます。自閉症の青年は、ゴミや異物が入っている瓶を見つけ、引き抜くことができるのだそうです。赤ワインのなかに入っている異物など一般人には全く見ることができませんが、その自閉症の青年にはちゃんと見えているわけです。

次に、個体内差について考えてみましょう。これは、一人の子どものなかで、聴覚的情報処理（言語など）より視覚的情報処理が優れているということです。

実際、自閉症児にいろいろなことを伝えるとき、言語で説明するより、目に訴えたほうが理解しやすいことがしばしば起こります。例えば、「これからお買い物に行くよ」と言葉で伝えるだけでなく「スーパーマーケットの写真」を見せたほうが理解しやすいことがあるのです。

視覚的な情報処理が優位であるなら、それを支援のために使わない手はありません。自閉症スペクトラムの子どもには、言葉で伝えるより、見せることが有効なことが多いです。

しかし、聴覚優位の自閉症スペクトラムの子どもも結構いますので、頭から、自閉症＝視覚優位という先入観で子どもを見るのはやめましょう。

それでは、先の見通しが立たない不安を持ちやすい子どもへ、プラス面を使った支援をモンテッソーリ教育ではどうするのか考えてみたいと思います。

視覚を使った支援①「今日の予定」

これから起こることを、目で見える「今日の予定」にして伝えることにより、安心できる子どもがいます。モンテッソーリ教育で、時間の教育として子どもたちに提供されてきたものを、自閉症スペクトラムの障害特性に合わせてアレンジしたものです。

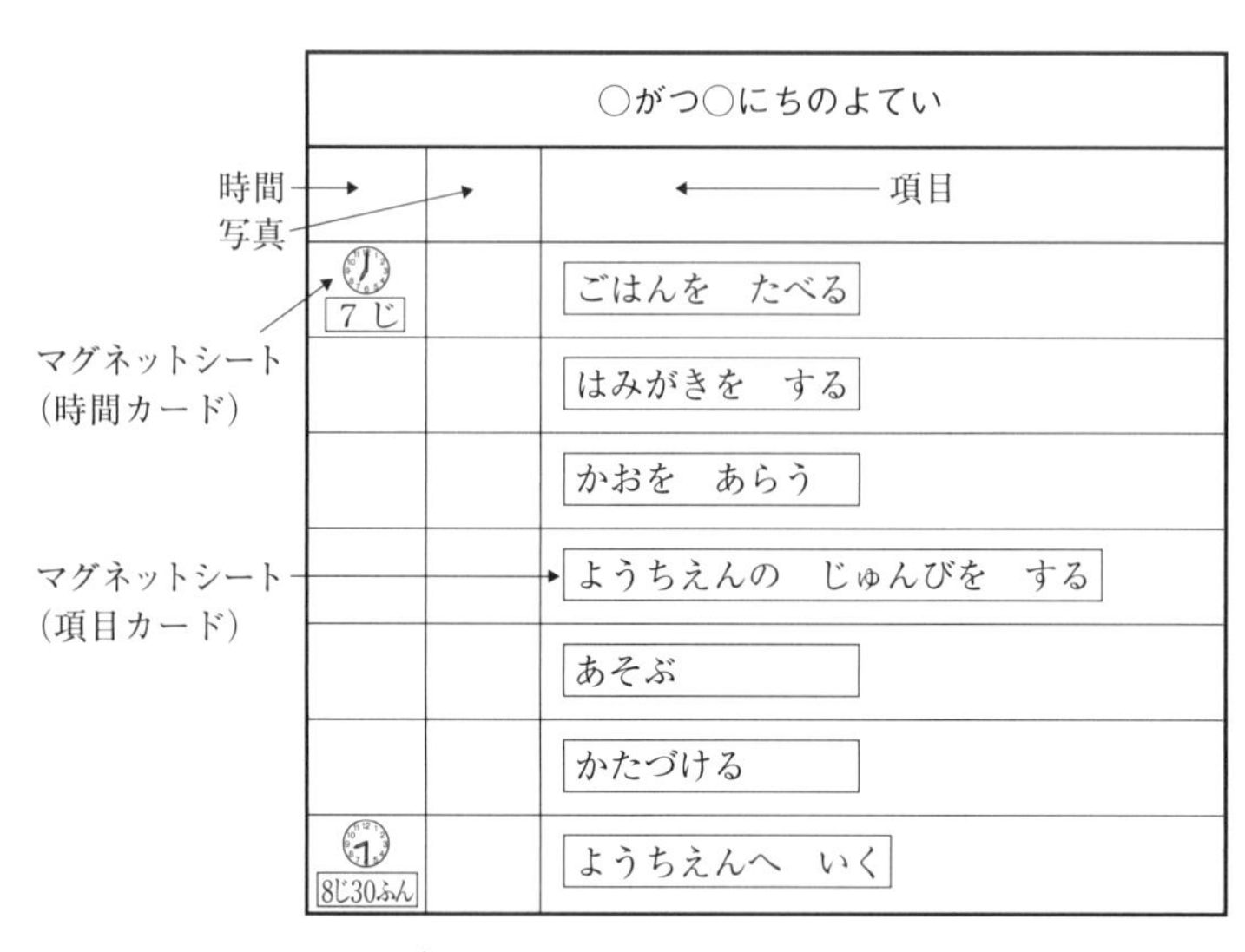

図6－2　今日の予定

それでは、その「今日の予定」をどのように作成し、どのように使うのか説明しましょう（図6－2）。

《準備》

◎A4、あるいはB4のホワイトボードを用意する。縦にして、必要な項目数の線を引く。

◎○がつ○にちに入れる月カード、日にちカードを作る。マグネットシートを、行に入る大きさに切り、そこにラベルプリンター（テプラなど）で作ったラベルの数字を貼る。手書きした紙を貼り付けてもよい。月カードは1から12まで一セット。日にちカードは1から31まで一セット。

◎マグネットシートを予定表の行に

合う大きさに切り取る。それに合うラベルを準備し、項目を入力し、印刷する。それをマグネットシートに貼り付ける。時間カード、項目カードをつくる。写真が必要な場合には、写真を撮り、大きさに合わせてプリントアウトして、作成する。

◎「今日の予定」には、図6－3のステップ①からステップ③のような系統性がある。これは、一つには、情報量のステップである。また、時計を読む、文字を読むなどのステップでもある。

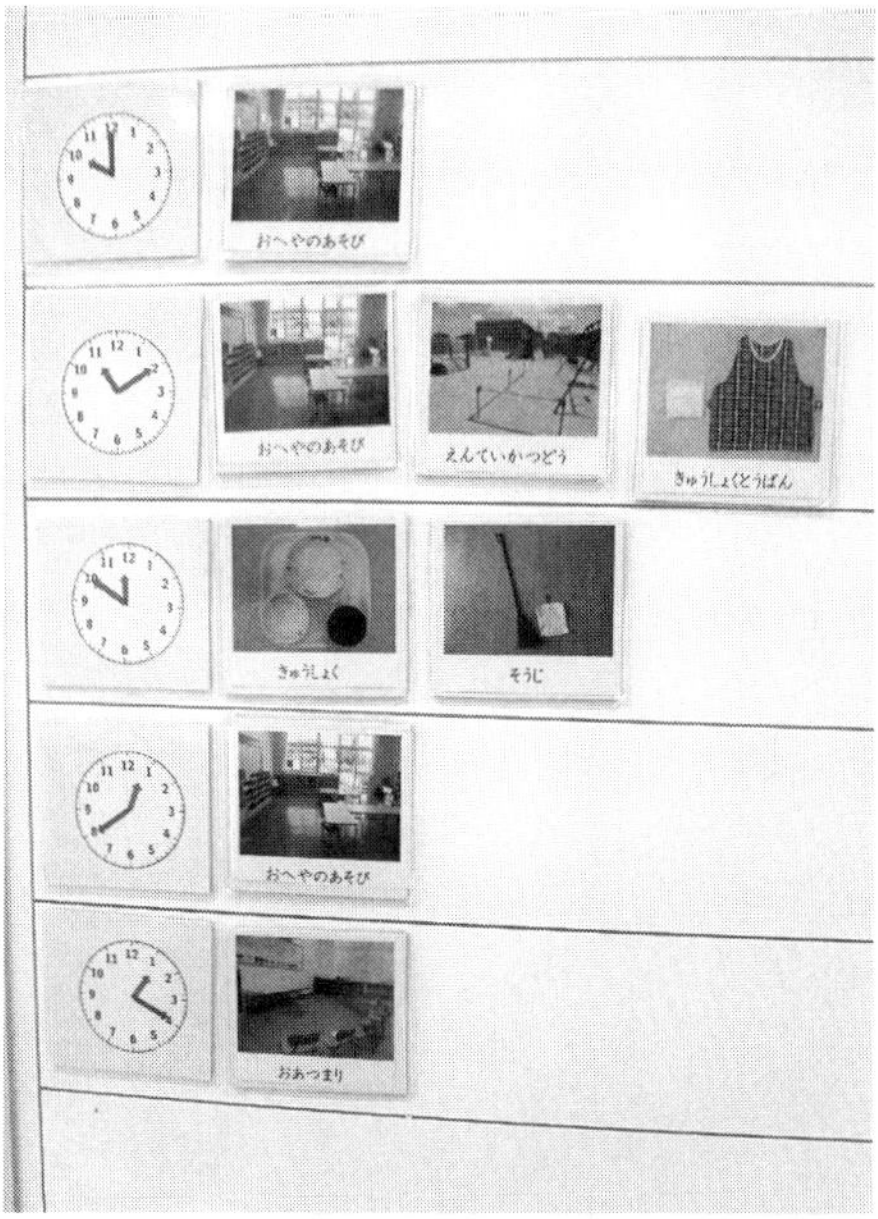

写真6－1　今日の予定

《注意点》

※「○がつ○にちのよてい」にしているのは、将来的にこれから出てくる「きのう・きょう・あした」カレンダーと系統づけるためである。すでに説明したように、○のところは空欄にして、マグネットシートで月日の数字カードを作っておき、それをここに貼っていく。次の

ステップとしては、子どもが自分で、マジックで数字を書き入れることができる。
※時間、文字の項目を理解できない、読めない、たくさんのものがあると混乱するような場合は、ステップ②やステップ①の写真・イラストカードだけの予定にする。将来的な学びの準備の意味で、ステップ②やステップ③のように時間、文字の項目を写真と一緒に提示しておいてもよい。
※各項目は、子どもによって異なる。図6-2は、朝食をとってから、幼稚園へ行くまでの時間の使い方で混乱する子どものものである。やり終えたら、項目カードを、ボードから外して、かごに入れていくとよいかもしれない。
※ステップ②やステップ③のように、時間を時計の針の形で示し、そばに時計を置いておき、見比べて、理解することもできる。また、その下に○時○分のカードを貼っておくこともできる。これにより、将来、時計を読むことの準備ができる。すでに時計が読める場合には、時間を示すことによって、よりわかりやすくなる場合がある。自閉症スペクトラムの子どもの理解は、曖昧なことより明確なことが大切である場合が多い。「もう少したったら」とか、「だいたいこのぐらいの時間ね」といってもわからないが、○時○分というとよく理解できることがある。
※移動場所で使える「今日の予定」を作ることもできる。例えば、お母さんが友達の結婚式に出席する際、子どもを預けられず、どうしても会場に連れていかなければならない

ステップ①

○がつ○にち のよてい
写真・イラスト を貼る

（写真・イラストのみ）

ステップ②

○がつ○にちのよてい	
○じ○ふん	写真・イラストを貼る
○じ○ふん	
○じ○ふん	
○じ○ふん	
○じ○ふん	
○じ○ふん	

（時間＋写真・イラスト）

ステップ③

○がつ○にちのよてい		
○じ○ふん	写真・イラストを貼る	文字で内容表示
○じ○ふん		
○じ○ふん		
○じ○ふん		
○じ○ふん		
○じ○ふん		

（時間＋写真・イラスト＋文言での内容表示）

図6－3　今日の予定の系統

状況になるかもしれない。その際には、あらかじめプログラムを聞いておき、それを一枚一枚めくれるカードにして会場に持っていく。

一つの方法として、両親の結婚式の写真を使い、プログラムどおりにカードに貼って、作成する。インターネット上には、たくさんの結婚式の写真があるので、それを組み合わせて作ることもできる。

結婚式に行く前に、家庭で、何度かそのカードを見せて説明する。会場では、次のプログラムが始まる前に、写真を見せて説明する。

《子どもへの働きかけ》

◎子どもに誘いかけ、「今日の予定」の前に行く。前の晩、あるいはその日の朝におこなうとよい。

◎前の晩なら「明日は、朝起きてから何をするか見てみましょう」と言って、まず、スケジュールの上に明日の「〇がつ〇にち」の月カード、日にちカードを貼る。今日のものが貼ってある場合には、取り替える。「今日の予定」の上から、「明日は、七時にご飯を食べるよ」と言って、七時のカードを磁石でつける。そして、ご飯を食べているときの写真カードを貼り付けていく。ステップ②、ステップ③の場合には、文字カードも同様にする。

図6－2のように翌日が幼稚園の日なら、同じ要領で、幼稚園へ行くまでを子どもと一緒に確認しながら、すべて貼り付けていく。

《注意点》
※子どもによっては、項目が多すぎると、混乱したり、理解できないことがある。その場合には、最低限に減らすなどのことが必要かもしれない。
※幼稚園に行ってからのことで困っている場合には先生に予定を聞き、カードを作って、幼稚園だけの予定を話すこともできる。
※幼稚園、保育園の行事の場合には、あらかじめ先生にプログラムを聞き、写真カード、スケジュールを作り、行事の一週間前から、それを一緒に確認していく。

視覚を使った支援②「きのう・きょう・あした」カレンダー

「今日の予定」について、うまく使えるようになったら、「きのう・きょう・あした」カレンダーの紹介をします。

モンテッソーリ教育の実施園では、子どもの時間の概念を養うために、図6－4のようなカレンダーを使っています。ほとんどの園で、これを、お便りちょうにシールを貼る場所に掲示しています。これは、子どもに今日の月日、曜日などを知らせるものです。発達

ステップ①

きょう	がつ	にち	ようび

ステップ②

きのう	がつ	にち	ようび
きょう	がつ	にち	ようび
あした	がつ	にち	ようび

ステップ③

きのう	がつ	にち（ついたち）	ようび
きょう	がつ	にち（ふつか）	ようび
あした	がつ	にち（みっか）	ようび

ステップ④

さきおととい	がつ	にち（ついたち）	ようび
おととい	がつ	にち（ふつか）	ようび
きのう	がつ	にち（みっか）	ようび
きょう	がつ	にち（よっか）	ようび
あした	がつ	にち（いつか）	ようび
あさって	がつ	にち（むいか）	ようび
しあさって	がつ	にち（なのか）	ようび

図6－4　「きのう・きょう・あした」カレンダー

写真６－２　「きのう・きょう・あした」カレンダー

に応じて以下のようなものがあります。
　ステップ①　本日の月日と曜日だけのもの
　ステップ②　中央に「きょう」、その上に「きのう」、その下に「あした」の文字が書いてあり、その横にそれぞれ対応する月日と曜日を表示するもの（写真６－２）
　ステップ③　ステップ②に特別な日にちの読み方をプラスしたもの
　ステップ④　一週間のカレンダーになっていて、すべての情報を網羅したもの
　これを家庭でも使うことによって、きのう、きょう、あしたは、何月何日であるかを知ることができます。
　また、時間が確実に「きのう・きょう・あした」と前に進んでいることがわかります。
　自閉症スペクトラムの子どもの場合、すでにお話ししたとおり視覚優位がありますから、目で見ることによって理解できる場合が少なくありません。
さらに、「今日の予定」にあった「〇がつ〇にち」は、こことリンクしてきます。

《準備（ステップ②の場合）》

◎A４あるいはB４のホワイトボードを準備する。ホワイトボードを横にして、三等分し、マジックで線を引く。

◎上の行から、きのう　がつ　にち　ようびと空欄を作る。ひらがなで書く。

◎マグネットシートを準備する。マグネットシートで、月カード（各月三枚×一二ヵ月＝三六枚）をきのうの次の空欄に合うように切る。

◎ラベルプリンターを、切ったマグネットシートと同じサイズに設定し、各月の数字を印刷する。
できたラベルを、マグネットシートに貼り付ける。

◎同じ要領で、日にちカード一セット、曜日カード「にち」から「ど」までの一セットを作成する。

◎それらを分類して、子どもが取りやすいようにケースに入れる。
（すべて百円ショップで購入できます）

◎「きのう・きょう・あした」カレンダーのステップ

ステップ①は、一番簡単なカレンダー。ステップ②、③、④と行くほど情報量が多く、難しくなる。

《子どもへの働きかけ》

今日の予定は、子どもと事前に確認していることを前提とする。

朝に（寝る前や、夜でもよい）、次のような手順でおこなう。

◎子どもに誘いかけ、「きのう・きょう・あした」カレンダーの前に行く。

◎「きょう」を中心に、月、日、曜日のカードを貼る。「今日は、○月○日○曜日だね」と言って、今日のメインイベントを話す。例えば「これから、幼稚園へ行くよ」など。子どもが話せるなら、子どもにも話をさせる。

きのう、きょう、あしたのことが想像できないようなら、スマートフォンで写真を撮っておき、それを見せながら思い出させると、理解が進む場合がある。

◎次に、きのうのところに月、日、曜日のカードを貼り付ける。そして、「きのう」あったことなどを思い出させる。さらに、「あした」も同様におこなう。

◎「きのう・きょう・あしたの紹介」が終わったら、きょうのところに戻り、「今日は○月○日だったね」と話し、次に隣に貼ってある「今日の予定」の上の○月○日を指して、「ほら、同じでしょ。○月○日の予定だね。今日の予定には、なにがあったかな？」

と言って、確認することができる。

※前の晩におこなう場合は、説明をして、「今日の予定」の上の月日を、明日に変更する。「きのう・きょう・あした」カレンダーの月日は、本日のままにしておき、明日の月日と「今日の予定」の上の月日が同じであることを確認しておく。次の日、「きのう・きょう・あした」カレンダーを直し、「今日の予定」の月日と合っていることを確認する。

※いま見てきたように、「きのう・きょう・あした」カレンダーと「今日の予定」の関連づけが終わったら、「きのう・きょう・あしたカレンダー」からはじめて、「今日の予定」につなげ、予定を伝えることができる。

※子どもの理解力などに個人差があるので、子どもに応じて、対応を変えることが必要かもしれない。

《「時のコーナー」の配置》

例えば、図6-5のようなマンションであれば、子どもが一番長い時間過ごす部屋、リビング、あるいは和室にカレンダーを掲示する。掲示する場合には、子どもがマグネットシートを貼り付けたり、はがしたりする操作がしやすい高さにする。

また、掲示場所は、子どもがいつも見える場所、見やすい場所にする。例えば、図の間取りでは、矢印の部分に配置するとよいかもしれない。この場所は、「○がつ○にちのよ

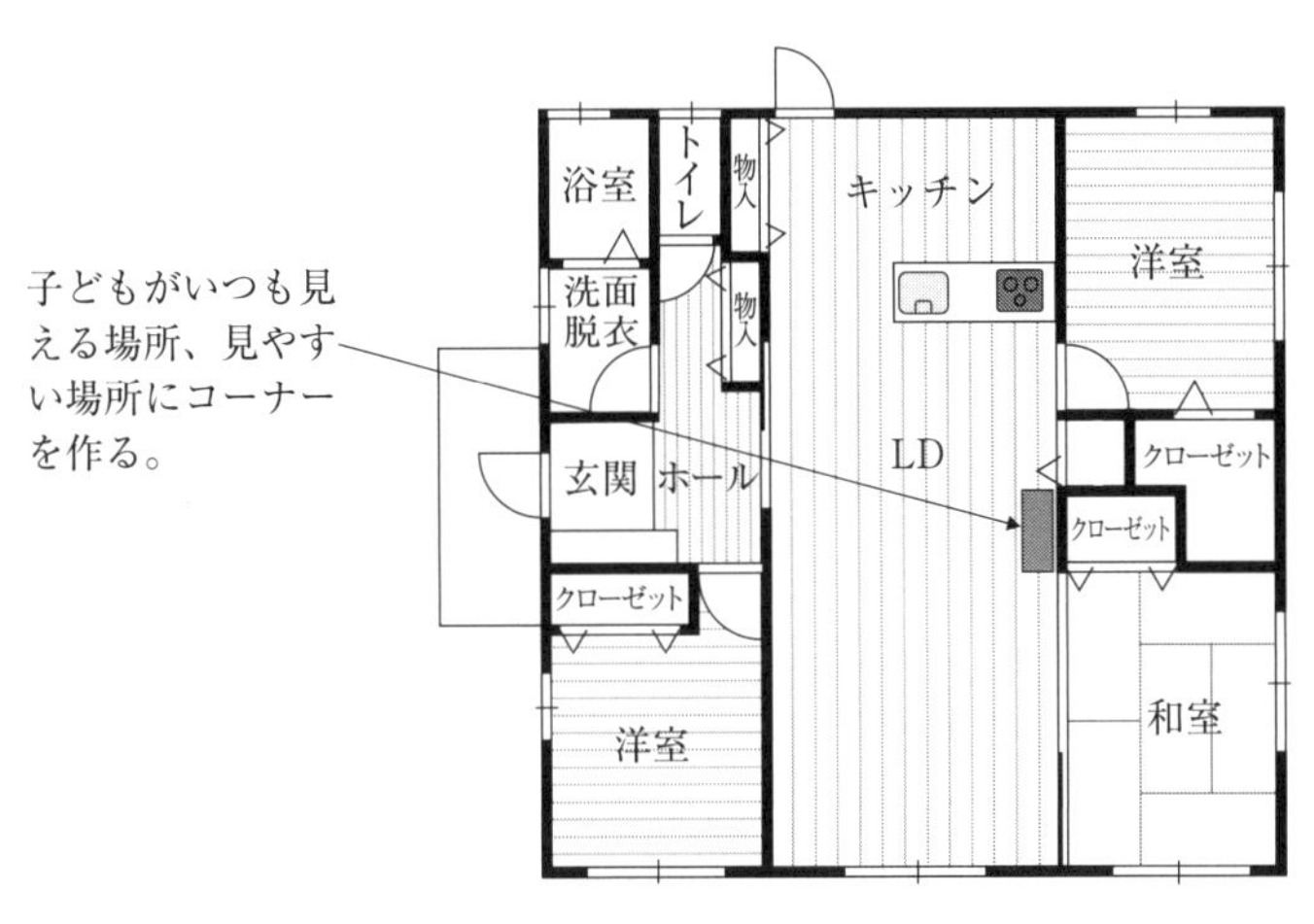

図6－5　「時のコーナー」の掲示場所

てい」「きのう・きょう・あした」、そして、これから説明する「月の予定」「一年の月と季節」などを掲示する「時のコーナー」にするとよい（図6－6）。

「時のコーナー」の下に低い棚を置き、その上に時間カード、月カード、日にちカードなどを分類して、容器に入れ、順序よく並べておく。子どもは、そこから、それぞれのカードを取り、貼り替えることができる。

私が勤めているこじか「子どもの家」では、遠足や行事の一週間前に「今日の予定」を配布し、家庭で毎晩確認してもらっています（図6－7）。その結果、当日、混乱しパニックになったり、泣いてしまう子どもは皆無です。それ以前は、混乱する子どもが数名いました。それを考えても、「今日の予定」は、発達障害児にとってとても大切なもので

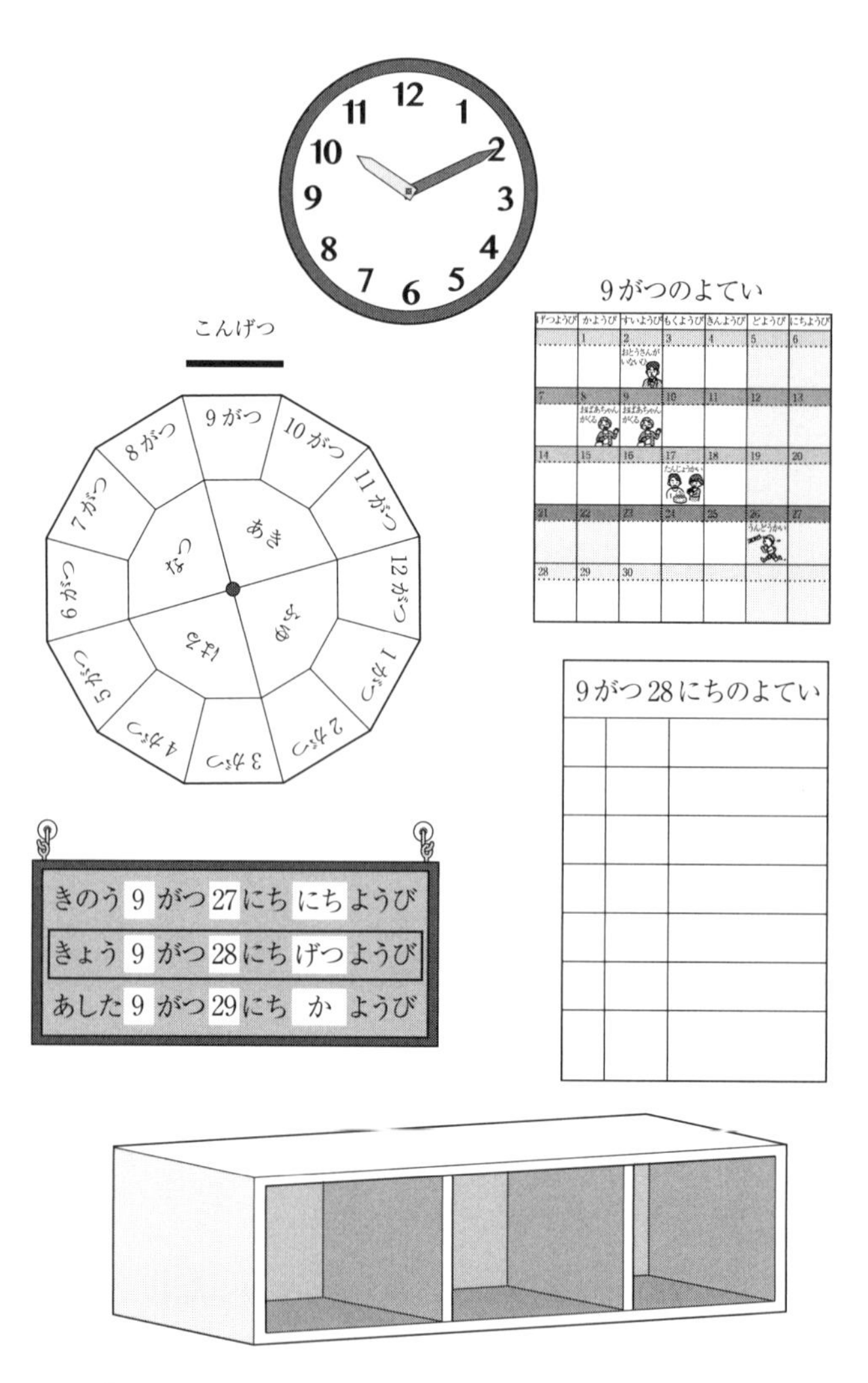

図6－6　「時のコーナー」の配置

10がつ13にち　あきのおやこえんそく　はれのひ

1	じゅうろくぬまこうえん	
2	えんちょうせんせいの おはなしをきく	
3	ねいちゃーげーむ	
4	ぐるーぷかつどう	
5	おべんとう	
6	しばふであそぶ	
7	「てをつなごう」をうたう	
8	あいさつをする	

●かつどうぐるーぷ　　　　　　きのこ　ぐるーぷ

※ あめのひ

でんわがあったらこじかであそぶ	
おべんとうを　ほーる　でたべる	

図6－7　遠足の予定

あることがご理解いただけると思います。

視覚を使った支援③　月のカレンダー

次に「月のカレンダー」を紹介します。
図6-8のような予定表を作り、「時のコーナー」の「今日の予定」の上に、掲示しましょう。

《準備》
◎A4あるいはB4のホワイトボードを準備する。
◎パソコンで、図6-8のような月の予定表を作成する。各週には、色をつけ、わかりやすくする。
モンテッソーリの算数教具に色ビーズ（写真6-3）がある。1のビーズが赤、2のビーズは緑……などとなっている。子どもは、将来、このビーズを使って算数を学んでいくが、それぞれの数字がどんな活動でも同じ色で表されることによって、理解がしやすい工夫が施されている。そのため週の色も色ビーズの色で統一するとよいかもしれない。
◎作成した月の予定表を、ホワイトボードに磁石などでつける。
行事のイラスト・写真を印刷したものを枠に合う大きさに印刷する。それを、何度もは

○がつの　よてい

げつようび	かようび	すいようび	もくようび	きんようび	どようび	にちようび
	1	2 おとうさんがいないひ 	3	4	5	6
7	8 おばあちゃんがくる 	9 おばあちゃんがくる 	10	11	12	13
14	15	16	17 たんじょうかい 	18	19	20
21	22	23	24	25	26 うんどうかい 	27
28	29	30				

図6－8　月のカレンダー

がせる粘着力の弱い両面テープで貼り付ける。

※変更がない行事は、1年間ぶんを作り、印刷しておくこともできる。

※新しい予定が入ったり、その予定が変更になったりするので、変更が予測されるものは、前の月の最終週に、翌月の説明をする際、貼り付けていくとよい。

◎上に「○がつの　よてい」というタイトルを、ホワイトボードに書く。そのボードにマグネットシートで作った月カードを貼り付ける。

写真６－３　色ビーズ。一番上から、赤、緑、オレンジ、黄、水色、藤色、白、こげ茶、青

《子どもへの働きかけ》

◎「きのう・きょう・あした」カレンダーを指し、今日は、どこですかと聞く。子どもが「ここ」、あるいは「9がつ28にち」と答えたら、「そうね、今月は、9月です」と言って、9月の月カードを「○がつのよてい」の○に貼る。

◎「ほら、9がつと9がつ同じでしょ」といって、両方を指さす。そして、「ここにあるのは9月のカレンダーです。そして、ここは、第一週です。色は、赤です。ここは、第二週です。色は、緑ね」と最後の週まで紹介する。さらに、「それぞれの週は、七日あります。上に書いてあるのは曜日です。今日は9月28日、月曜日です」と言いながら、「きのう、きょう、あした」カレンダーの「きょう」の月曜日を指さし、同じことを伝える。きのう、あしたについても、同様にする。

◎「明日の次の日は、○がつ○にち○ようびです」といって、一週間を伝えた後、その月のイベントを一緒に確認していく。

※月がまたがる場合には、次の月カレンダーを作成し、（あるいは、1年間ぶんを作成しておき）、今月のカレンダーをめくり、翌月のカレンダーとのつながりを説明する。

私が勤めるこじか「子どもの家」では、毎週、上履きは金曜日に持ち帰り家庭で洗って、月曜日に持ってくるようになっています。しかし、こだわりのあるお子さんは、持ってきたものは必ずその日に持ち帰ることに固執します。

先生が「上履きを持って帰るのは今日じゃありません。金曜日です」といっても、大声で泣き叫び、パニックになる子どもが、毎年いました。

しかし、この「月のカレンダー」を使って、説明するようになってから、それにこだわる子どもは一人も出なくなりました。

視覚を使った支援④　月と季節のターンテーブル

「きょう・きのう・あした」カレンダーと「今日の予定」「月の予定」に慣れてきたら、「月と季節のターンテーブル」（図6−9）を作り、時のコーナーの「きのう・きょう・あした」カレンダーの上に掲示します。

《準備》

◎厚紙で、直径三〇センチの十二角形を作り、図6−9のようなサークルを作る。

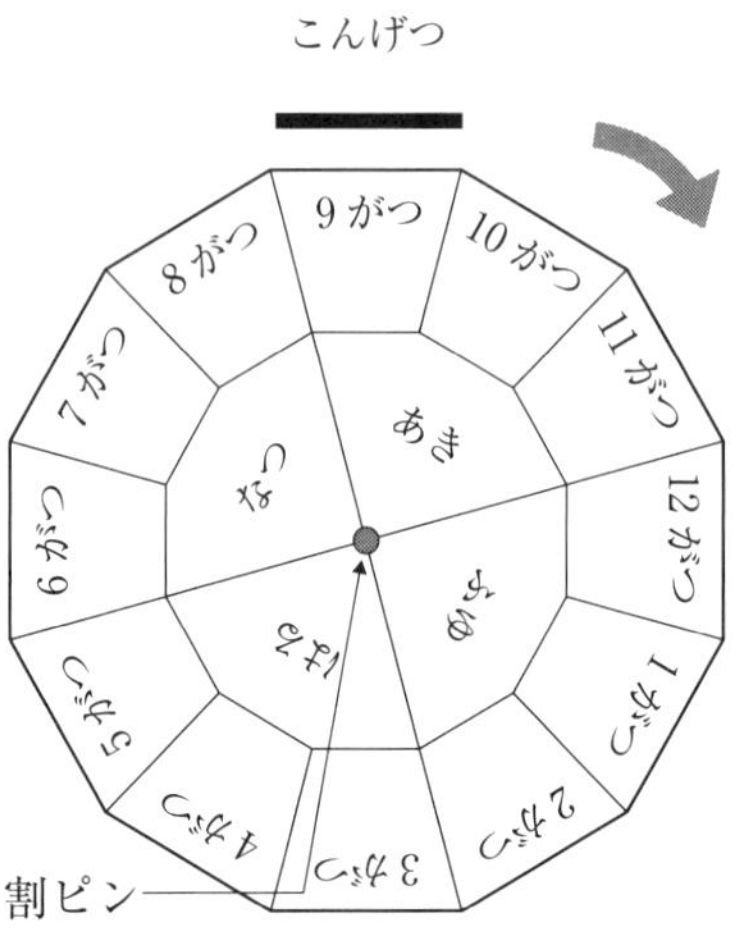

こんげつ
9がつ
10がつ
11がつ
12がつ
1がつ
2がつ
3がつ
4がつ
5がつ
6がつ
7がつ
8がつ
あき
ふゆ
はる
なつ
割ピン

図6－9　月と季節のターンテーブル

◎3月から三ヵ月ごとにはる、なつ、あき、ふゆと図6－9のように書いて作成する。春は赤、夏は緑など、季節ごとに色をぬる。

◎五〇センチ×四〇センチぐらいの台紙をつくる。

◎円の中央に割ピンをさして、台紙に固定し、回転するようにする。

◎上に太めの線を引き、今月をこの下に合わせる。

※十二角形にしているのは、自閉症スペクトラムの場合、上の今月のラインと、下の円盤のラインが合わないと、気持ち悪さを感じる子どもが多いため。

《子どもへの働きかけ》

◎このカレンダーは、一年のカレンダーであることを知らせる。

◎一年には、月が12あることを知らせる。「これは、一年のカレンダーです。一年は、月が12集まってできています」「ここを見てください」と言って、1月を指す。「ここから、一緒に数えてみましょう」といって、子どもと一緒に数える。数え終わったら、「ほら、全部で12あったでしょう。これを、12ヵ月と言います」と言って、一年は、12ヵ月であることを知らせる。

◎赤に塗られた部分を指さし「ここを見てください。3月、4月、5月は、赤色ですね。この三ヵ月を、春と言います」といって、四季を伝えていく。その際に、春にある行事やできごとを子どもと話すことができる。想像できないときは、絵本、辞典、インターネットなどを使って話し合うこともできる。

これを冬までおこなって、紹介する。時間がもたない場合には、その季節のはじめの月ごとにおこなうこともできる。

◎次に「きのう・きょう・あした」カレンダーを指し、「今日は、何月ですか」と聞きます。子どもが、「今日は、9月です」と応えたら、「そうね。今日は、9月ね」と言って、月と季節のターンテーブルを回していき、9月が一番上の線のところに来るようにする。そして、「ほら、一年のカレンダーも9月になったね」という。そして、「今日の予定」「きのう・きょう・あした」カレンダー「月のカレンダー」すべてが、9になっていることを確認する。

※全部紹介し終わったら、毎日使うのは、「きのう・きょう・あした」カレンダーと、

「今日の予定」です。「月のカレンダー」「月と季節のターンテーブル」は、月の終わりに、翌月、翌週の説明をする際に使うといいでしょう。あとは、必要に応じて「今日の予定」を使って、先の見通しが立ち、不安なく、安心して、安定した日を送ることができるようになることが大切です。

「きのう・きょう・あした」カレンダー、「月のカレンダー」「月と季節のターンテーブル」は、発展と考えてください。「今日の予定」ができるようになったら、「きのう・きょう・あした」カレンダーというように少しずつステップアップしていくとよいかもしれません。

時の教育は、先の見通しが立たず、不安を感じ、一日を落ち着いて、安定した生活ができない子どもにとってはとても重要です。そうではない子どもにとっても、時間を伝えることはとても大切なことです。

「時」については、毎日の生活のなかで、体感していくことが大切です。そして、一年をかけて学んでいきます。

さらなる発展としては、時計の読み方、季節と年中行事、干支カレンダーなどたくさんのことが考えられます。

子どもによっては、毎晩、カレンダーの月、日、曜日などすべて変え、明日の予定を確認するようになります。

視覚を使った支援⑤　誕生のタイムライン

子どもの誕生日は、子どもにとっても、家族にとっても、とても大切な日です。自分の誕生日が一年に一度やってくること、そして、自分が年を追うごとに成長している姿を視覚的に伝えるのが誕生のタイムラインです。

図6-10のように〇歳のときの写真を貼り、その横に、お母さん、お父さんからのメッセージを書き入れます。

これを毎年、誕生日の一ヵ月前から、時のコーナーに貼ります。そして、月のカレンダーに誕生日をいれます。きょうだいがいれば、全員貼ってあげることが大切です。

毎日、時のコーナーのカレンダーを使うことによって、一年がどのように流れていくのかを知り、そのうえでの誕生会は、格別なものです。

また、誕生日には、太陽と地球の模型を発泡スチロールの球体で作ります。そして、太陽のまわりを、地球を持った子どもに回らせ、「地球が、太陽のまわりを一回まわると一年がたちます。これで、〇〇ちゃんは、三歳になりました」といったこともできます。これが、惑星への興味につながっていく場合があります。

20cm

ひゅうがくんのタイムライン		
0さい		ひゅうがくんが、うまれて、おとうさんとおかあさんは、とってもうれしかった。 おかあさんは、ひゅうがくんのねがおをみて、とてもかわいくて、いつもしあわせなきぶんになりました。
1さい		ひゅうがくんは、どんどんおおきくなって、はいはい、つかまりだちができるようになりました。おかあさんはうれしかったよ。 でも、いつまでたってもおはなしをしないので、とてもしんぱいでした。
2さい		ようやく、ぱぱ、ままといってくれるようになりました。はじめて、ままといってくれたときは、うれしくてないてしまいました。 まだ、ことばはすくないけれど、これからどんどんふえるように、おかあさんとがんばろうね。

3cm
10cm

図6－10　誕生のタイムライン

いつも同じものを、同じところに

発達障害児が、毎日の生活を安心して、安定して送れるようになるためには、家庭環境がとても大切です。

ここで、発達障害児の障害特性からどのような環境が彼らを安心させ、発達させる環境なのかを見ていきたいと思います。そして、モンテッソーリの環境構成の方法は、そのような彼らをどのように支援することができるのかを考えてみましょう。

モンテッソーリ教育には、「いつも同じものが、同じところに置かれている」という環境構成の原則があります。

どういうことかというと、乳幼児が生活する家庭にあるさまざまな家具、ものなどの配置を変えないことです。また、お母さんやお父さんの姿、お母さんの赤ちゃんへの対応の仕方などをできる限り変えないことです。

どうしてそれが大切かというと、子どもの発達に関係しています。モンテッソーリは、それを秩序の敏感期と表現しています。

秩序の敏感期とは、変わらない環境を前提に、自分と人・もの、人と人、もの自体の概念を形成する敏感期です。概念を形成するまでの間、周囲の環境がコロコロ変わってしまうと、概念形成はうまくできません。ですから、子どもは変わらないことを望むのです。

例えば、九ヵ月ごろの赤ちゃんは、目的手段関係が理解できるようになってきます。

離乳食が始まってから、赤ちゃんは毎日の食事のとき、お母さんが食べさせてくれる道具、スプーン、フォークを使ってきました。手づかみで食べていますが、ときどき、それで食べてみたりします。そして、家族で食事をするとき、家族もスプーン、フォーク、箸を使って食べているのを見ています。

そのような状況で、スプーン、フォーク、箸というのは、ご飯を食べるときに使うもの、つまり、その道具でご飯を口に持っていくものという目的手段関係の概念が形成されます。また、スプーンは、いろいろな形状はありますが、細い棒の先に広がったものがついているものという概念が作られるのです。これは、変化しない状況を見たり、操作したりするなかで形成されるのです。そして、その形成途中に、いつも一貫して聞く言葉、「スプーンで食べようね」「フォークを投げちゃ駄目でしょ」などが、その概念と結びつくことによって「スプーン」という言葉が獲得されます。

このとき、子どもが使っている方法は、比較、分類、分析、対応です。例えば、食べるとき、お風呂に入るとき、寝るときなどを比較・分類し、食べるとき以外は使わないという概念を形成しています。

この形成途中に、もし、今まで自分が作ってきた概念と異なることが起こると、とても、びっくりします。なぜなら、その概念を作る作業をはじめからやり直さなければならないからです。

ある朝、お父さんが食べている様子を見ると、なんか得体の知れないトングのお化けみたいなもので口にものを運んでいる様子を見た赤ちゃんを想像してください。赤ちゃんは、未知との遭遇と言わんばかりに、目を見開いてその様子を見るでしょう。そして、大泣きするのです。それは、怖いからというよりは、今まで自分が作ってきた概念の要素と合わないという抗議の泣きです。

これは、乳幼児期を通して、日常生活のあらゆる場面で起きます。

そのようにして、子どもは、日常生活の多くの概念を形成し、言葉を獲得していくのです。

そのため、この年代の子どもの環境は、いつも同じものが同じところに置いてあり、物ごとは、同じやり方でおこなわれるということがとても大切なのです。

自閉症の子のこだわりと秩序感

秩序感を持つ子どもは、同じ場所で、同じようにすることにこだわります。この点は、自閉症スペクトラムの「こだわり行動」のように見えます。よく、こだわり行動だけを知っているお母さんが、一歳ごろの我が子の秩序感を見て、「うちの子、自閉症かしら」と誤解をしている場面に遭遇することがあります。

もしこの秩序感が、普段の家庭生活で三歳、四歳になっても続き、言葉が遅れているような場合には、自閉症スペクトラムの同一性保持を疑うことになります。

家庭での実際

今見てきたように、乳児期から、子どもは比較、分類、分析、対応という方法を使って、概念を形成し、言葉を獲得していきます。

そして、徐々に周囲の秩序、環境の同一性に頼らなくとも、つまり、こだわらなくとも、生活ができるようになります。

自閉症スペクトラムの子どもがこだわるのは、この概念ができていない、あるいは、形成に時間がかかっていることも原因の一つと考えられます。とするなら、いつも同じものを、同じところに置くということがわかりやすく、概念の形成を助ける環境ということになります。

また、分類、分析、対応などを使って環境を整理してあげることも有効なことがわかります。

知的障害が重度の自閉症スペクトラムの子どもの場合は、この概念形成が困難であっても、毎日、朝から同じところにある同じものを使って、同じやり方で、日常生活をおこなうことによって、そのやり方でなら、歯を磨いたり、顔を洗ったり、着替えをしたりすることができるようになります。

そのように見てくると、ますます家庭で、少なくとも子どもが使うさまざまなものは、できる限り同じものを、同じところにおいてあげることが大切であるとご理解いただけると思います。

それでは、次に、家庭環境の整え方を見ていきましょう。

シンプル・イズ・ベスト

家のなかをできるだけシンプルにすることによって、発達障害の子どもたちが混乱せず、安心・安定した生活ができます。

ものを増やさないことが大切ですが、増えてしまったら、増えたものを整理することもできます。今、必要のないものは、段ボールに入れてタンスやクローゼットにしまいます。また、使ったものは、出しっぱなしにしないで、所定の位置に片付けるなども大切です。

家庭環境のカテゴライズ化

一般的に、家庭のさまざまなものは、それぞれカテゴライズされて置かれていると思います。食器はキッチンの食器戸棚に、鍋などの調理器具はシンクまわりに、歯ブラシは洗面所に、といった具合です。

ところが、家庭訪問をすると、買ってきたトイレットペーパーが居間に積まれていた

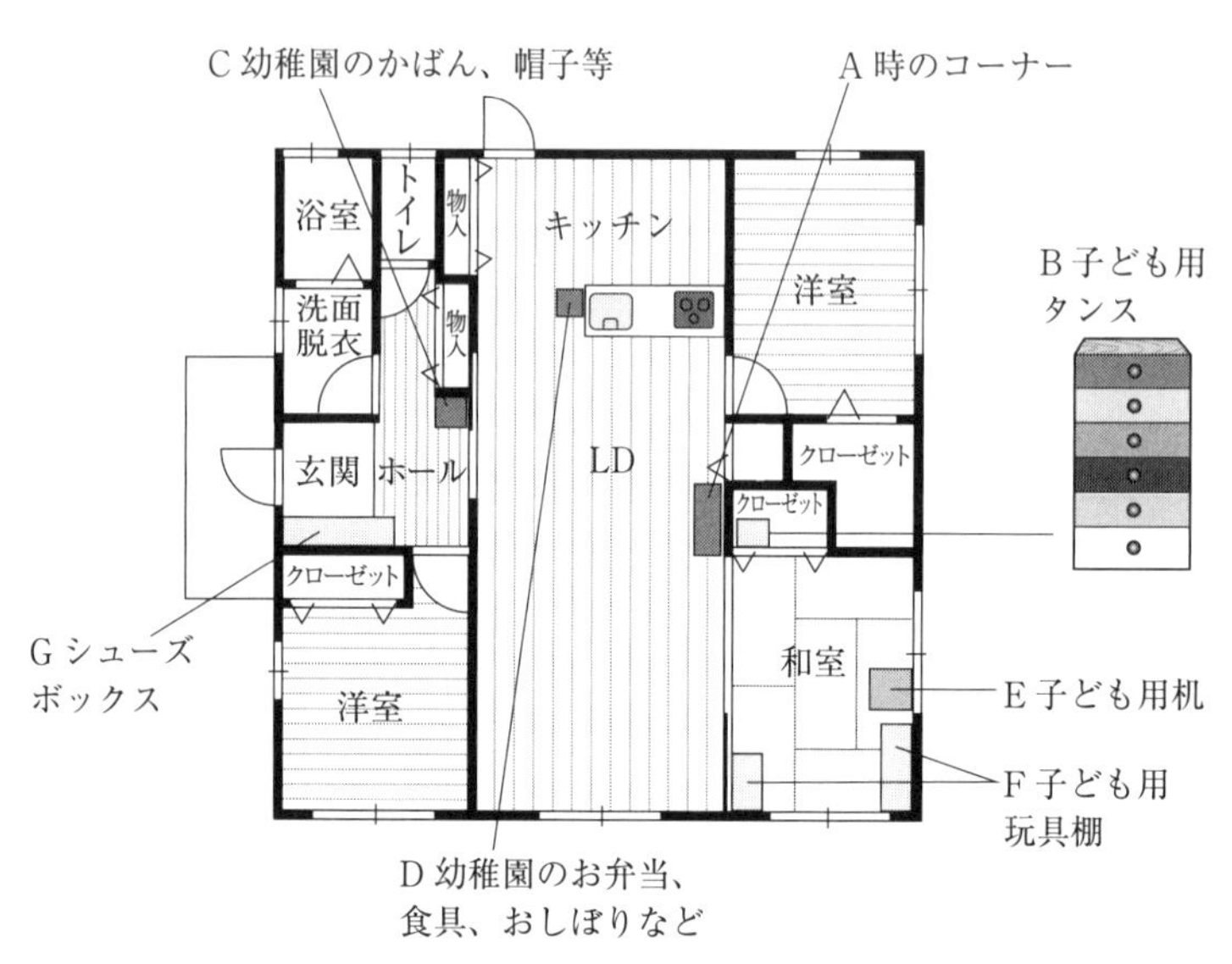

図6－11　いつも同じものを同じところに

り、洋服があちこちに散乱していたりする家庭をよく見かけます。

そのような状態は、発達障害の子どもたちを混乱させ、情緒不安定にする原因でもあります。

そのもの同士の関連を探し、分類し、そのものがあるべき場所に置いておきましょう。そうすることによって、そのもの同士の関連から概念形成をするチャンスが増えます。

同じ流れ、同じ手順で

家をシンプルにして、ものをカテゴライズして配置した後は、むやみに変えないことが大切です。すでにお話ししたとおり、概念形成をおこなう過程にある子どもは、秩序がとても重要ですから。

図6－11のような間取りのマンションを例に考えてみたいと思います。その際、次のような条件を仮定してみます。

子ども一人の三人家族。子どもは自閉症スペクトラムの三歳児です。

寝室は、右上洋室六畳を使っています。全員同寝室です。

日中、子どもの活動場所は、リビング、和室です。

地震などの用心として寝室には、ものを置かないようにします。

図6－12のスケジュールに基づき、わかりやすい動きとはどういうものか、見ていきましょう。

前の晩、寝る前に、B子ども用タンスから明日の服を選びます。選んだものを、かごに入れて、タンスの上に置いておきます。次の日、着る服が決まっていることは、ある子どもにとっては安心につながります。

朝、六時三〇分に起きたら、まず、トイレに行きます。その後、B子ども用タンスのところで、昨日選んだ服をかごから出して着替えます。パジャマは、たたんで、かごに入れ、タンスの上に置きます。

七時に朝ご飯を食べ、その後、洗面をします。

そして、幼稚園・保育園準備です。Cのところに置いてある、あるいは、掛けてある幼

6：30	起きる
	トイレ、和室で着替え
7：00	朝ご飯
7：45	歯磨き、顔を洗う
8：00	幼稚園準備
	今日の予定の確認、トイレ
8：30	幼稚園へ出発
9：00	幼稚園到着
14：00	幼稚園お迎え
	※これ以降は、日によって異なるため、今日の予定を前の晩に確認。また、当日の朝に確認する。
18：00	夕ご飯　※できるだけこの時間帯には、夕食が食べられるようにする。
19：00	入浴
	明日の予定の確認
	明日の服を選ぶ
20：30	就寝（絵本の読み聞かせ）

図6－12　一日のスケジュール

稚園かばんをDのところに持ってきます。そこに、お母さんが、お弁当、食具、おしぼりを置いてあげて、子どもは、それをかばんにいれます。

そして、Cに戻します。どんな子どもも自立したいという願いを持っています。自分でできることは、できるように環境を整え、させてあげることが大切です。自立心、自己肯定感ともつながってきます。

それが終わったら、お母さんと一緒に、A時のコーナーで今日の日付、今日の予定を確認します。

幼稚園・保育園へ出発です。幼稚園・保育園お迎え以降については、その日によって予定が異なりますので、今日の予定で確認します。幼稚園のお迎えのときに、今日の予定を見せて、再度、確認する必要があるかもしれません。

そして、寝るまでの手順をおこないます。

子どもは一人ひとり違いますから、これと同じにしてもうまくいかないかもしれません。例えば、今日の予定は必要ではなく、言葉で説明しただけで理解できるかもしれません。何回かお母さんと一緒におこなった後は、流れは違いますが、やるべきことはきちんとできる場合もあります。それは、素晴らしいことです。

最初の段階では、前の晩に、翌朝の幼稚園の準備までの今日の予定を作成し、確認して、次の日は、それを見ながら一緒に動くことが必要かもしれません。また、保育園の場合には、もっと時間帯が早くなるなど、家庭の事情に合わせて作成しましょう。

幼稚園降園後の予定については、お母さんが、週に何回かパートの仕事があり、預かり保育をする場合があったりします。すぐに家に帰る日もあれば、公園で遊ぶ日もあるなど異なるので、時のコーナーの今日の予定で、前の晩とその日の朝、幼稚園へ行く前に確認します。

毎日、同じ場所、同じ流れ、手順で繰り返すことで、混乱せず、安心・安定した生活が送れます。

分類、対応などを使ってわかりやすく

子どもは比較、分類、分析、対応という方法を使って概念形成をして、言葉を獲得していきます。ですから、この力が未熟なうちは、環境にこれらの手がかりをつけることによって、わかりやすい環境になります。と同時に、この方法を学び、概念形成を助けることにもなるのです。

家庭環境のなかで、これらを使った例をいくつかご紹介します。

※玄関に子どもの靴で足形を取って、それを正しく並べて貼ってあげるだけで、子どもは、その上に自分の靴を対応させ、靴の位置を正しく、また、きれいに並べることができます。対応させるということは、同じもの同士を一緒にすることです。

※シューズボックスの棚を、お父さんの靴、お母さんの靴、○○くんの靴というように分類をして、お父さんの場所は青色、お母さんの場所はピンク、○○くんの場所は黄色、のように色分けします（図6－13）。

※子ども用タンスにパンツ、シャツ、靴下、ハンカチなどの写真、あるいは、イラストを貼っておき、そこに子どもが自分で片付ける。あるいは、透明のアクリルケースでタンスを作り、外からでもなかのものが見えるようにして、パンツは、パンツのところに入れ

るようにします。

※子ども用の玩具棚にも、玩具の写真、シールを貼って、実際の玩具を対応させて、片付けるようにします。

※食事の後、お母さんがスプーンやフォーク、箸などを洗い、それをトレーに入れておきます。そして、子どもにそれぞれを分類して片付けてもらいます（写真６－４）。

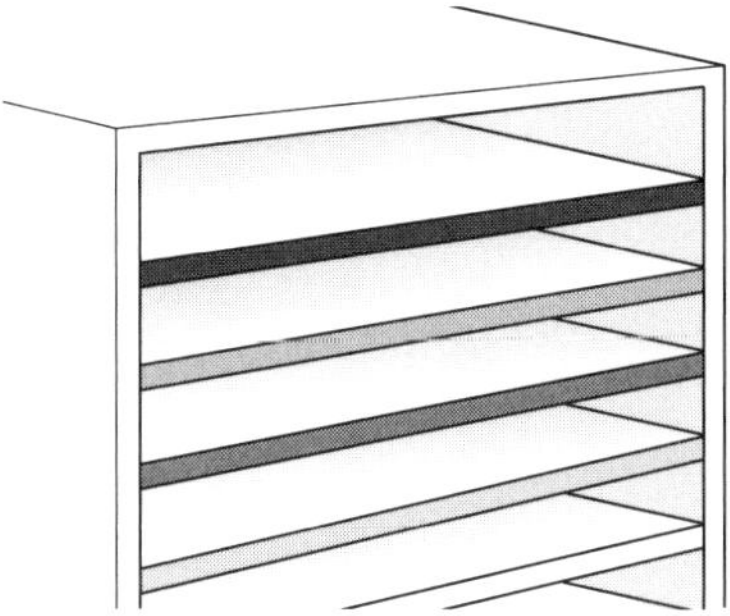

図6－13　家族の靴の分類

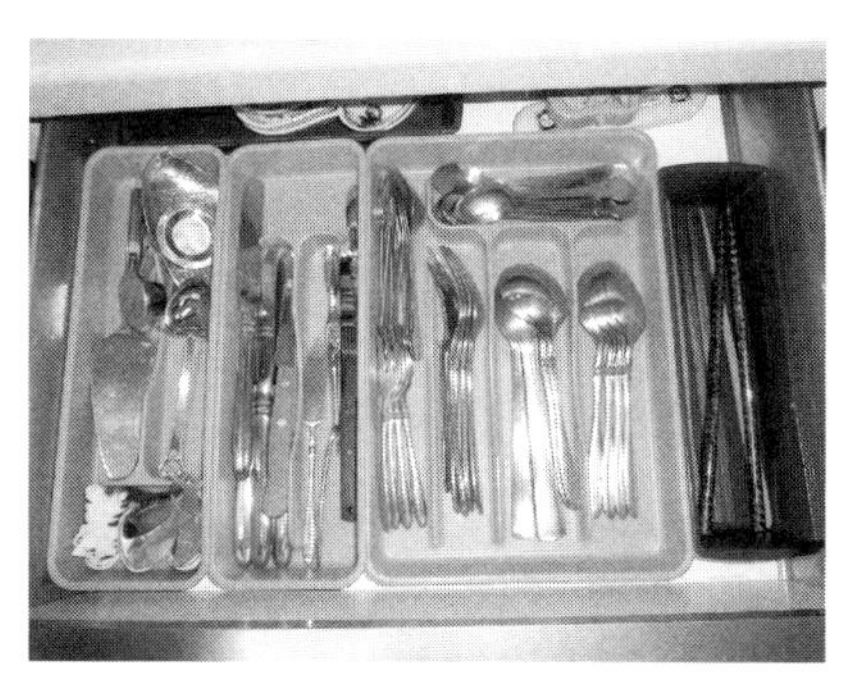

写真6－4　食具の分類

自ら誤りに気づき、自ら訂正できる環境

発達障害の子どもは、失敗したり、間違ったりすることが多いです。それは、認知的特性、体の使い方がうまくできないことなども大きな原因です。

特に手の不器用さは、発達障害の子どもの障害特性の一つです。それによって、いたるところで失敗したり、間違ったりします。

例えば、机や床に水、ジュースをこぼしてしまう。うまく食具が使えず、食べ物をこぼしてしまうなどが頻繁に起こります。また、はさみで紙を切った切りくずが、あたり一面を覆いつくすとか、クレヨンでお絵かきをした際に、机にはみ出してしまう。などなど枚挙に暇（いとま）がありません。

そうなると、一般的には親から叱られます。「だから、気をつけなさいといったでしょ」「もう何回こぼすの」と。そして、親が片付けてしまうことが多いのです。

これが一般的な関わりだと思います。しかし、発達障害の子どもは、このような曖昧な言い方、それも言葉だけではわからないことが多いのです。どのようにすればよいのかを明確に示してあげることが必要です。

モンテッソーリ教育では、誤りの自己訂正というものがあります。これは、子どもが自

分で失敗、誤りに気づき、自分で訂正できるように環境を整えることです。そのため、たくさんの教具のなかに、自己訂正ができるようなシステムが取り入れられています。

それを家庭生活にどのように取り入れればよいのか、見ていきましょう。

自己訂正① 机、床にこぼしてしまったとき

《準備》

◎子どもの手でも扱いやすい大きさの台ふきん、ぞうきんを作る。台ふきん、ぞうきんともに白地の布でつくる。白は汚れが目立つので、ふいた後、子どもに汚れを知らせるため。

◎台ふきんとぞうきんのサイズは、図6－14のとおりである。

◎強力磁石、一個。

◎台ふきんが入るかご、ケース。

◎汚れたものを入れるバケツ。

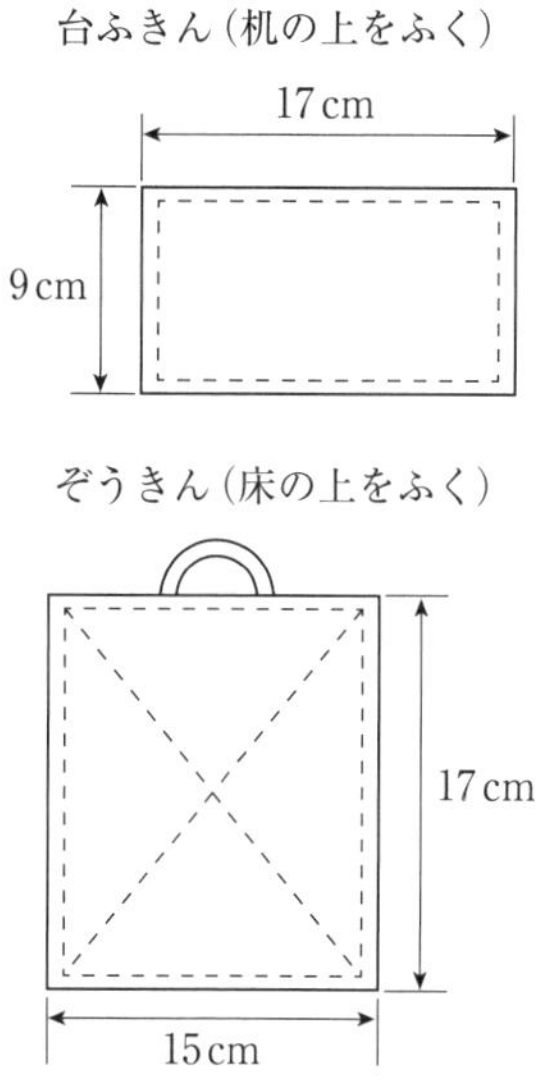

図6－14　台ふきん、ぞうきんの作り方

《配置》

◎台ふきんは、数枚をかご、あるいはケースに入れて、キッチンの子どもでも取れる場所に置いておく。

◎強力磁石のフックを冷蔵庫の下のほうへつける。子どもが届く高さ。そこに、数枚のぞうきんを掛けておく。

※システムキッチンなどにフックをつけて、同じようにすることもできる。

◎そばにバケツを置いておく。または、汚れたものを洗濯機に入れるようにしてもよい。

※置く場所を決めたら、いつもその場所に置くようにすることが大切。

《子どもへの働きかけ》

◎子どもが、こぼしてしまったときに、「こぼしちゃったね。これは、台ふきん（あるいはぞうきん）でふいて、きれいにしましょう」と言って、台ふきん、ぞうきんの前に連れていく。

◎台ふきんとぞうきんを紹介する。机などをふくものと、床をふくもの。

◎今回は、床なので、ぞうきんを取り、こぼしたところに戻り、子どもと一緒にふく。

※最初、子どもはうまくふけないかもしれないが、おとながふくところを見せてあげる

ことが大切。「ほらこうやるの、やってごらん」などと強要はしない。
◎ふき終わったら、きれいになったことを確認して、汚れたぞうきんをあらかじめ置かれたバケツに入れる。このとき、真っ白なぞうきんが汚れることに、子どもは興味を持ちます。つまり、こんなに汚れていたんだ、それをふいたので、きれいになったんだと実感する。
　これを何回か繰り返すうちに、こぼすと子どもが自分で台ふきん、ぞうきんを取りにい

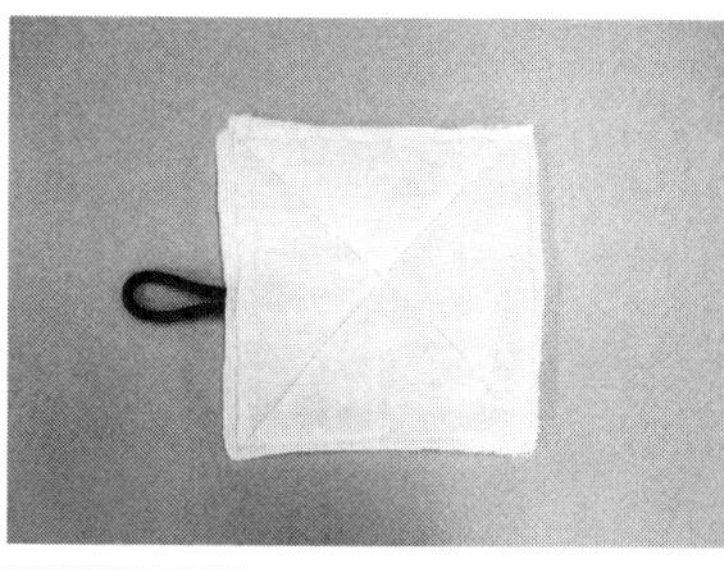

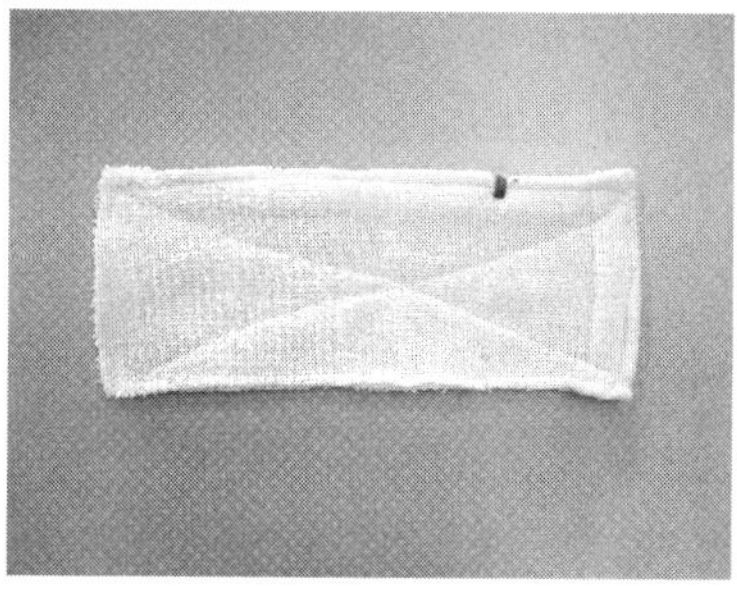

写真６－５　台ふきん、ぞうきん

写真６－６　ぞうきんの配置

き、主体的におこなうようになります。

自己訂正② 机が汚れてしまった場合

《準備》

机洗いの用具を準備します。

◎トレーのなかに、三つの容器を入れる。一つには、石けん。もう一つには、スポンジ、最後の一つには、水を入れる（水は、使うときに入れてくる）。

置く場所を決めて、その場所を変えないことが大切。

写真６－７　机洗いの用具

《子どもへの働きかけ》

◎机が汚れてしまったことを子どもと確認する。そして、「机が汚れたときは、机洗いをして、机をきれいにしましょう」と言って、机洗いの用具のあるところに行く。

◎机洗いの用具を、子どもと一緒に運ぶ。あいている容器に、子どもと一緒に水を汲んでくる。

◎スポンジに水をつけて、石けんの上をこすり、スポンジに石けんをつける。そのスポンジで、机の汚れたところをこすり、きれいにする。おとながモデルを示した後、子どもにおこなうチャンスを与える。
◎すべてきれいになったのを子どもと確認したら、台ふきんが置いてある場所へ行き、台ふきんを持ってきて、机の上を拭く。きれいになったのを確認したら、台ふきんを汚れ物のバケツに入れる。
※机洗いは、汚れた机をきれいにするということの他に、子どもの発達を促す活動でもある。運動の敏感期にある子どもは、手を使った活動がしたくてたまらない。そのため、子どもによっては、わざと机にクレヨンで落書きし、机洗いをしたがるような場合がある。
その際、それをさせてしまうと、一つには、机に落書きすることはいけないことがわからなくなってしまう。二つ目は、発達障害の子どもは、パターンで入りやすいので、そうすることが日常になってしまう。そのため、汚れたときに洗うと、一貫性を持って伝えることが必要である。
※机洗い以外にも、子どもが夢中になるものに、シンク洗い、風呂掃除、観葉植物の葉っぱ拭き、金属磨き（後述）などの活動がある。

自己訂正③　床が汚れた場合

机で切っていた紙が、床に落ちてしまった場合など、どうすればよいのかを伝えます。

《準備》

◎ほうきとちりとりを準備する。

◎ほうきは、子どもの背丈に合うサイズ。

◎ちりとりは、子どもの手のサイズでも扱えるもの。

《配置》

◎子どもが届くところに掛けておく。

◎一度決めたら、場所は変えない。

《子どもへの働きかけ》

◎子どもが、紙などで床を汚してしまった場合、汚れていることを知らせ、子どもをほうきとちりとりの場所へ連れていく。

◎そこで、ほうきとちりとりを紹介する。ほうきを子どもに持たせ、汚れた床に戻る。

◎おとなが管理しているチョークで、集めるところに円を描く。

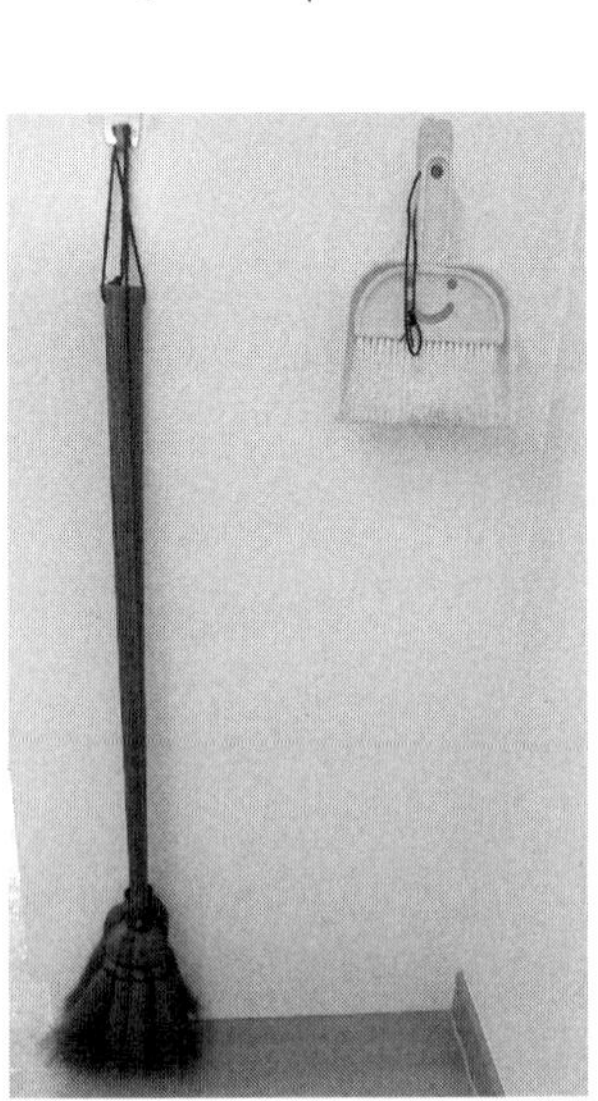

写真６－８　ほうきとちりとり

◎その円に集まるように、少し離れた場所から、螺旋（らせん）を描くように時計と反対回りに掃いていく。
◎最初は、おとながやって見せて、その後、子どもにさせる。

写真6－9　ほうきで掃く

誤りの自己訂正の仕方をいくつかご紹介してきました。最初は、子どもがうまくできないかもしれません。おとなも一緒にやりながら、やり方を何度も見せてあげることによって、徐々にできるようになっていきます。

そうすると、今までのように朝から叱ることが減ります。逆に、褒めることが多くなると思います。

今見てきたような環境があることは、子どもに安心感を与えます。間違えても、誤っても、あの場所にぞうきんがある、机洗いがある、ほうきがあることがわかれば、それだけで安心する場合が少なくありません。

これは、失敗の多い発達障害の子どもたちが、安心できるための一つの手立てであると同時に、発達を促すことにもつながっています。

さらに言えば、発達障害の子どもは、曖昧なことを言われてもわからない場合が多いです。「静かにして」と言われても、静かにするとはどういうことなのかわからないのです。

ですから、具体的に、何をどのようにすればよいのかを伝えることが大切です。ここに挙げたことを参考に、その他の場面でも、現実に出てくる状況に合わせて、考えてあげてください。

第七章 こだわりへの対処

同一性保持（こだわり）

発達障害児、特に自閉症スペクトラムの子どもの関わりで難しいのは、同一性保持、こだわりです。この問題では、子ども自身も困っていると同時に、親や周囲の人も困っていることが多いです。

そして、周囲のおとながこのこだわり行動を理解できず、叱る、怒るなどの対応をすることによって、子どもとの関係が悪化することがしばしば見られます。

このこだわりへのいくつかの対処法を挙げておきます。それを応用して対処し、子どもの安定した落ち着いた生活を保障することがまず大切です。それに取り組みながら、こだわりの原因の一つである概念形成を促すこと、そして、学びの法則をまわることが次にきます。

こだわりの強い子どもたちと出会ってみると、一度できあがってしまった思考パターンを変えることに困難さを持っていることがわかります。

例えば、ある四歳の自閉症スペクトラムの子どもに妹ができました。最初のうち、赤ちゃんですから、ずっと寝ていました。しかし、妹は発達しますから、あるときから、座ることができるようになりました。すると、この自閉症スペクトラムのお兄ちゃんは、妹をいきなり倒し、寝ている状態に戻したそうです。

このように生活で繰り返される事柄は、パターンを形成します。そして、新しいものを受け入れることに困難が生じるのです。何にこだわるのか、それがどのような事柄によって形成されたか、どのくらいの日数で形成され、どのくらいの日数でリセットされるのかは、子どもによって異なります。概念の問題と記憶などの認知機能のレベルによって、さまざまです。

ここでは、家庭で役立ついくつかの対処法をご紹介したいと思います。

こだわりへの対処①　場所

新しい場所、例えば、幼稚園へ入園、レストランで外食など、新しい場所へ行くことは、一般的にごく当たり前のことです。しかし、こだわりの強い子どもたちにとっては、とてつもない苦痛である場合が少なくありません。

外食しようとして、両親と三歳の自閉症スペクトラムの子どもの三人で、あるレストランに入ったそうです。すると、入ったころから、涙目になり、グスグスし始めたそうです。そして、椅子に座って、注文が終わったころから泣き始めたので、お父さんがレストランの外へ連れ出しました。結局、お父さん、お母さん一人ずつ食事を済ませ、レストランを後にしたのだそうです。

このような場合には、あらかじめその場所を外から眺めさせるとか、お父さんが下見をして、外観となかの写真をとってきて、子どもにそこへ行く一週間前くらいから見せて、説明をしたりすると、スムーズにいく場合があります。その場合、言葉だけで説明するのではなく、必ず、写真などで見せることが重要です。この子たちの特性の一つに視覚優位があるからです。

これは、幼稚園へ入園の場合、旅行に行くときなどに応用できます。スケジュールとの兼ね合いで言えば、先に説明した「時のコーナー」の月のカレンダーに書き込み、その日のところにその場所の写真カードなどを貼っておくとよいかもしれません。

こだわりへの対処②　もの

ものについては、例えば新しく買った靴、幼稚園へ入園するときの制服など新しいものへ切り替えができず、混乱する場合があります。

幼稚園の入園式の朝、幼稚園の制服をタンスから出して着せようとすると、大泣きで、絶対に着てくれなくて困り果てたという話をしていたお母さんがいました。

このような場合には、制服などをしまっておいて当日の朝出すのではなく、一ヵ月前から、家の見える場所に掛けておき、制服への新たなパターンを形成させることが必要かもしれません。

とにかく、その子の切り替えが困難だと思われたら、あらかじめ、家庭の見える場所にそのものを置き、慣れさせておくとよいかもしれません。

こだわりへの対処③　位置

家庭に置いてあるものの位置が変わると、怒ったり、泣いたりする場合があります。いつも同じ場所に置いてある幼稚園のかばんが、ある朝、お母さんのうっかりで、別な場所に置いてあるような場合です。

子どもは、自分でいつもの場所に戻しに行くこともあります。また、そのことによって機嫌が悪くなり、お母さんの言うことに反抗したりすることがあるかもしれません。

しかし、お母さんは、機嫌の悪さの原因を知らないので、「何いつまで、ぐずぐずしているの。いい加減にしなさい」と言って、ますます関係が悪くなってしまうこともあるのです。

ですから、子どもが位置にこだわるような場合には、できるだけ環境を変えないで、いつも同じものが同じところに置いてあるようにすることが大切です。

こだわりへの対処④　やり方

いつものやり方が変わると、戸惑い、困り、怒ったりする場合と、することを断固拒否する場合があります。

まず、道順があります。例えばお母さんがパートの仕事のときに、一時保育の保育園、あるいは祖母宅へ子どもを車で連れていくことがあります。そのとき、いつも通る道が混んでいるため、別な道に入ると、途端に機嫌が悪くなったり、泣いたり、言葉の話せる子は、「〇〇スーパーないよ」と叫んだりします。

できるだけ同じ道を通るようにすることが必要です。しかし、どうしても、寄り道をして、用足しをする必要がある場合には、「時のコーナー」を活用します。月のカレンダーに、「あさ、おばあちゃんのいえにいってから、ほいくえんへいく」と書き、祖母宅の写真と保育園の写真を貼ります。

また、今日の予定にもそれを明記して、前日の晩と当日の朝に確認することが必要かもしれません。

祖母宅と保育園を交互に利用しているような場合も、「時のコーナー」の活用で、理解し、納得してくれる場合があります。それでも、理解できないような場合には、祖母宅へ行くときのかばん、保育園へ行くときのかばんを別々に用意し、何度も繰り返すことによって、徐々に理解し、安定してくる場合もあります。

次は、子どもにやり方を伝える場合です。やり方は、子どもが自分でできるところは自分でさせ、できないところを手伝うことを基本に、いつも同じ無駄のない順序でおこなうことを伝えるのが大切です。

ついおとなが甘やかして、子どもができることをやってあげてしまったりすると、それがパターン化して、やがて自分でやらせようとすると大変なことになります。子どもは、できる力があるのに、全介助で服を着せていると、やがて、待っているようになってしまいます。

こだわりへの対処⑤　恐怖によるパターン形成

自閉症スペクトラムの子どものなかには、恐ろしいことなど強い刺激が入ってしまうと、それについての思考パターンが形成され、そこから切り替えができない子どもがいます。

強い刺激がパターン化し行動を抑えてしまったり、できることもできない、しない子どもにしてしまう場合があるのです。

二章でお話しした三崎佑真くんもそうした子どもの一人です。彼は、海にいる怖い生物が脳裏に焼き付き、それにこだわり、海に入ることができなくなったのでした。佑真くんは分析した結果、その原因がわかったのですが、必ずしもわかるとは限りません。

ある幼稚園で出会った年長の男子で、何でも一番でないと納得できない子どもがいました。どうして、そうなったのか分析しましたが、よくわかりませんでした。おそらく、何かがあったのでしょう。でもそれを見つけるのは並大抵ではありません。

そこで、このような場合の手立てとして、視覚を通して説明するツールとしての絵本や具体的な模型などが役に立ちます。

この一番でないと怒ったり、友達を叩いたりする男の子には、

◎勝つことだけが一番ではないこと

◎いつも一番と言っているとお友達がいなくなること

という内容の絵本を作成し、読み聞かせしたところ、一番にこだわりそうになると、お友達がいなくなっちゃうと自分に言い聞かせるようになりました。

すべてがこれで解決はしないと思いますが、試してみる価値はあると思います。

こだわりへの対処⑥　興味・関心

あるものや事柄などへの興味・関心がパターン化し、それにこだわり、遊びが固定され

ます。その遊びが、おとなを困らせるものであると、この状況は、おとなと子どものバトルを引き起こし、両方とも深く傷つくことになります。

序章で挙げた自閉症スペクトラムの大翔くんのエピソードがそうでした。大翔くんは、水遊びにこだわり、それを止めさせようとするお母さんとバトルをしていたのです。

この子の水遊びは、ただ水道から水を出して、手に当てて触覚で感じる、タライに入れた水を流すなどの遊びでした。しばらくはそれをおこなわせながら、この子がこの単純な水遊びに充分満足し、発展した遊びを求めている時期を見計らって、この子の発達にあった面白いと思ってくれそうな遊びを紹介したのです。

そのときに紹介したのは、色水注ぎ、スポンジ絞りなどでした。すると、たちまち、その遊びの虜（とりこ）になったのです。

発達障害児は、興味・関心があって取り組み、満足すると発展した次の遊びを求めていくことが多いです。

しかし、パターンになった遊びを続けているという状況になっていることも多いのです。

それでも、飽きているという状況を見定め、次の遊びを紹介することが大切です。もちろん、自分で遊びを発展させることができる子どももいます。

このとき、子どもの自由意志を尊重することが大切です。その遊びを押しつけるのではなく、紹介し、環境に置いておきます。そして、子どもが自らそれを選び、関わろうとするのを待つことが必要です。それに、もし関わってくれないなら、それは、その子の興味・関心を惹きつけなかったのですから、こちら側、つまりおとなの失敗になります。面白い遊びを考える必要があるのです。

この章では、こだわりについて見てきました。それは、こだわりとうまく付き合い、子どもが安定し落ち着いた生活ができるようにするためでした。そのうえで、子どもは自分を成長、発達させる遊びへと向き合うことができるのです。

それでは、次にこのこだわりを改善するための発達支援を含め、発達障害児が学びの法則をまわり、成長・発達するための遊びをどう考えて、紹介していけばよいのかを見ていきたいと思います。

第八章
発達障害児の遊びを促す簡単レシピ

運動を促す遊び

発達障害児は、手先が不器用だったり、両手の協応がうまくいかなかったりといった、運動の困難さを抱えていることが多いです。

相談に来たお母さんが、子どもが先生に叱られたことを心配していました。それは、ものを机に置くとき、まるで投げるように置き、先生からもっと丁寧に、静かにと注意されても一向に直らないというのです。先生からは、反抗的だとかいわれているそうなのです。しかし、よく見てみると、うまく手、腕、肩をコントロールすることができないことがわかりました。

このような問題を抱えて、自分でやろうとしていることができずにストレスを感じたり、人から誤解を受けていたりしている子どもが結構います。

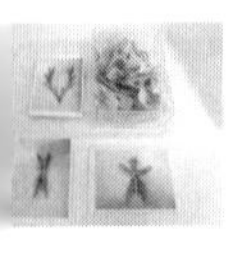

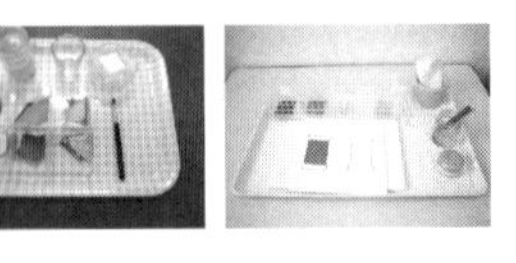

図８－１　子どもが興味・関心を持つ活動例

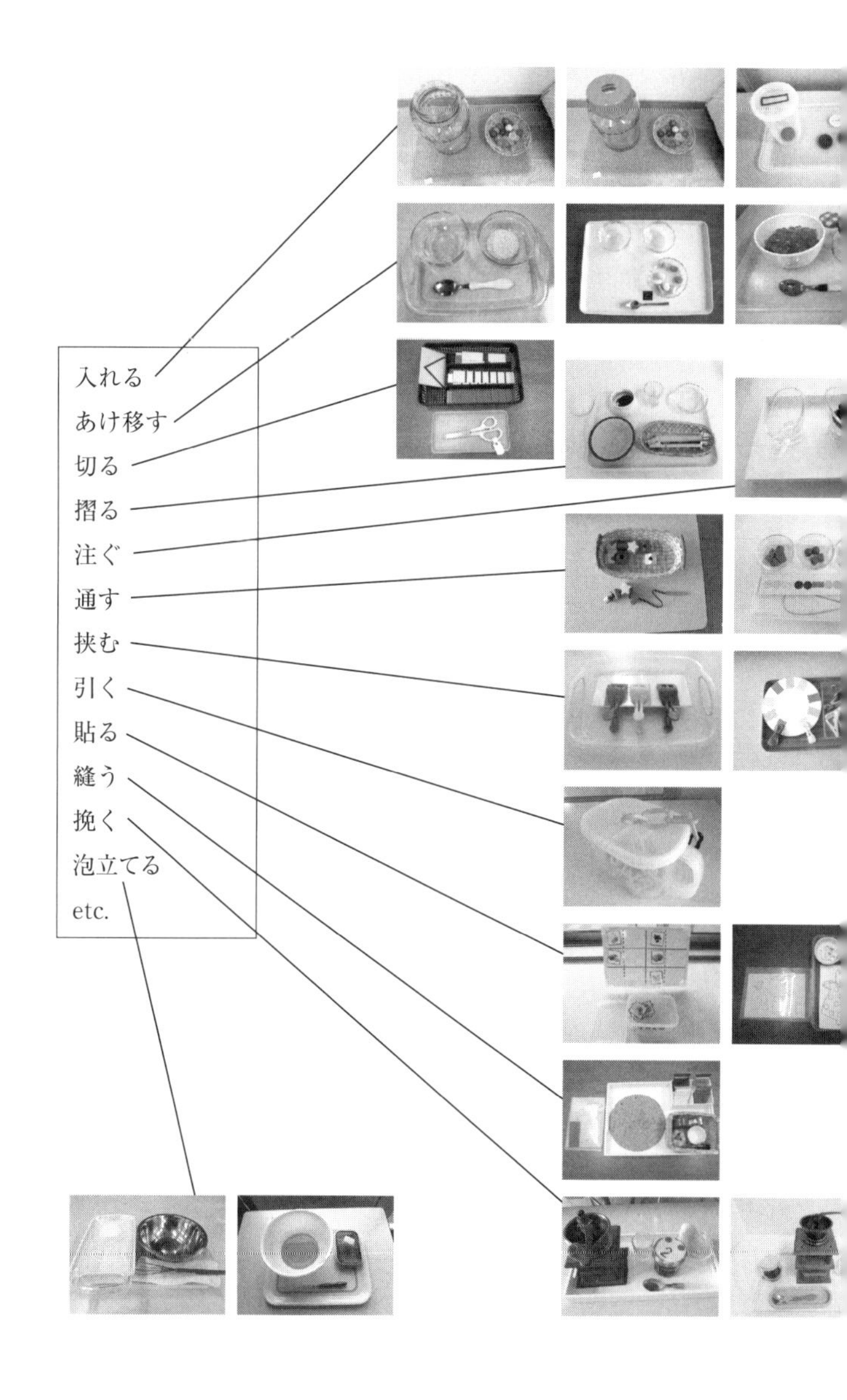
入れる
あけ移す
切る
摺る
注ぐ
通す
挟む
引く
貼る
縫う
挽く
泡立てる
etc.

この運動の発達を支援するのがモンテッソーリ教育です。

乳幼児期の子どもは、発達課題として、動きを獲得することが課せられています。そのため、家庭で両親の日常生活のまねをします。それを禁止するのではなく、子どもでもできるような形にして、環境に置いてあげて、自分で選択し、思う存分に活動できるようにしてあげることが必要です。

そのために、図8－1に子どもが興味・関心を持つ動作のリストを挙げておきます。子どもの普段やっていることをよく観察して、どんな動作に興味・関心があるのかを観察しましょう。

この動作のなかに、子どもが獲得したいさまざまな運動発達が入っています。目と手の協応動作、両手の協応動作、手首の回旋、手先の巧緻性などです。

次に、子どもがやりたい活動を子どもでもできる形にして、子どもに紹介してみましょう。その例を図8－1の動作の右側に写真として載せておきました。

しかし、子どもによっては、すぐには取り組まないかもしれません。ですから、お家のなかのリビングに接し、いつも子どもがいる部屋に棚を準備して、そこへ、並べておいてあげましょう（図8－2）。

また、そのそばに、壁に向けて机を置いてあげると、集中を邪魔する刺激が入りにくい環境にすることができます。

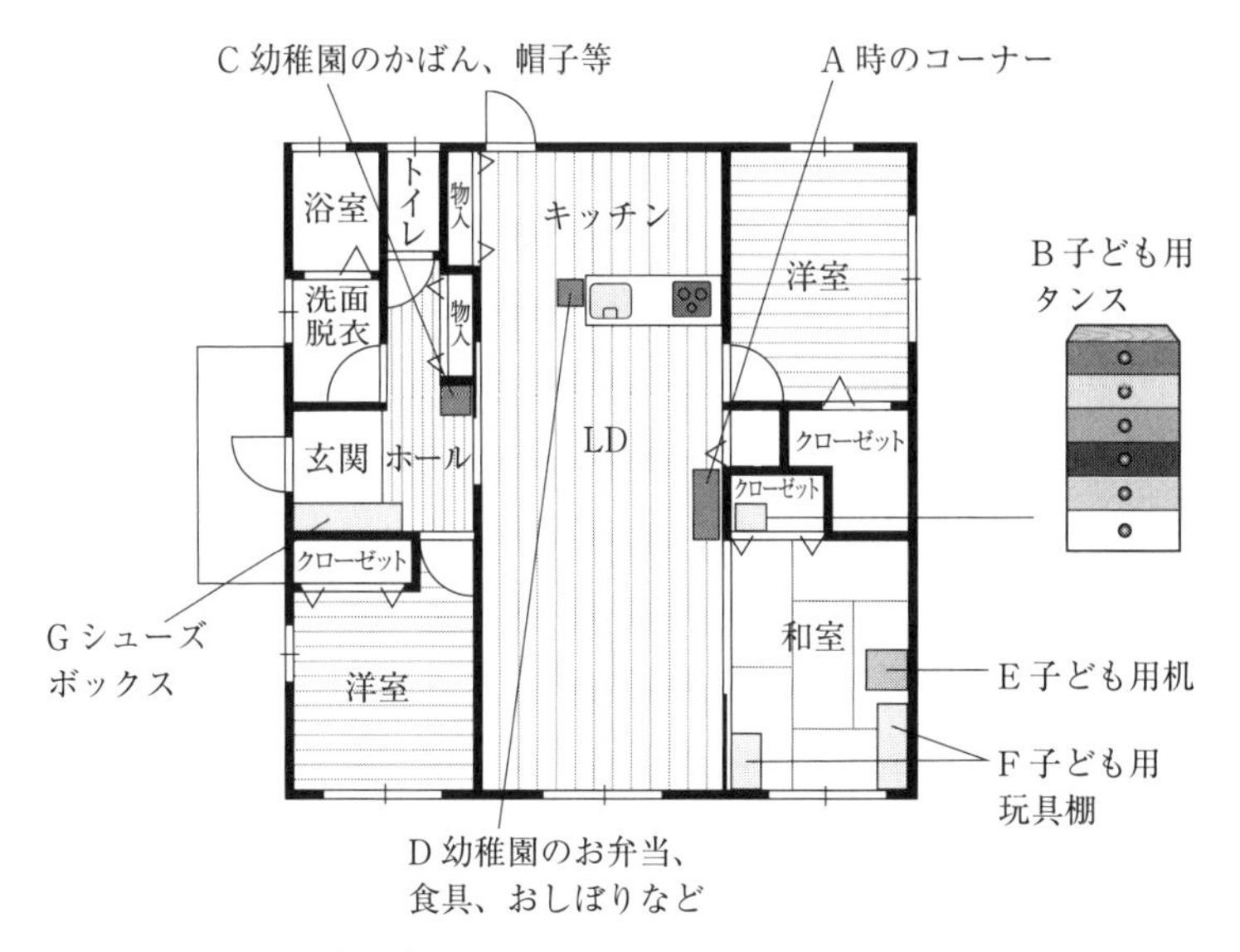

図8－2　子ども用棚と机の配置

写真8－1　子ども用棚

それでは、具体的に見てみましょう。例えば、ゴミ箱にいろいろなものを入れている子どもがいます。それを見たとき、図8－1のリスト中の「入れる」という活動に興味・関心を持っていることがわかります。

それを見たら、入れるための教材を作ってあげることができます。考えてみましょう。家のなかから容器を探して、スーパーボールを入れるような活動を作ることができます。

また、おとな側が、いろいろな教材を作り、紹介し、棚に置いてあげるとそれに興味・関心を持って取り組む場合もあります。もし子どもが、取り組まないようなら、それは失敗かもしれません。ただし、子どもによっては、取り組むまで時間が必要な場合がありますから、一週間くらいは、棚に置いて待ってあげることが必要かもしれません。

いくつかの例は、線で結んであります。とにかく、この活動例を見て、教材を考えてみてください。子どもは、活動に飢えています。

教材は、必ずトレーに入れて、ひとまとまりにしておくことが大切です。自閉症スペクトラムの子どもにとっては、この枠づけがとても重要です。

※この動作以外にも、たくさんの活動があります。日常、お父さん、お母さんがお家でおこなう動作を挙げてみましょう。

はく、ふく、こする、はらう、おとす、かける、あらう、ほす、みがく、ぬう、すてる、きる、きりわける、かわをむく、みずきりをする、かきまわす、まぜる、あわだてる、すくう、しぼる、すりおろす、くずす、こねる、ぬる、ふる、つける、いれる、そそぐ、ふたをする、つつむ、かぐ、ぬぐ、のばす、まげる、おりたたむ、たたく、のっくする、なでる、ひっかく、おす、おしこむ、ひく、ひきぬく、あげる、おろす、おく、たてかける、とかす、そる、かむなど。

今見てきたような活動は、運動発達を支援するということ以外にもさまざまな発達を押し上げます。それは、手段目的関係、因果関係、さまざまな概念などです。

それと同時に、物ごとの段取りをつける力、論理性、理解力などの力を培っていくことになります。

楽しい遊びのバリエーションを

こだわり行動が起こる理由の一つに概念形成ができていないことがありました。今まで見てきたのは、発達障害の子どもが、安定して、落ち着いた生活ができるための、こだわりへの対応策です。

これから見ていくのは、こだわりへの発達支援です。概念形成をするための力、対応、分類、順序などを育てることです。この力がないために、目的手段関係、物ごとの意味などの理解ができなくなるのと同時に、言葉も遅れていきます。

対応とは、同じもの同士を一緒にすることです。例えば、実物の松ぼっくり、どんぐり、栃の実を横一列に並べ、今度は別のどんぐりをとり、一列に並べた木の実と同じどん

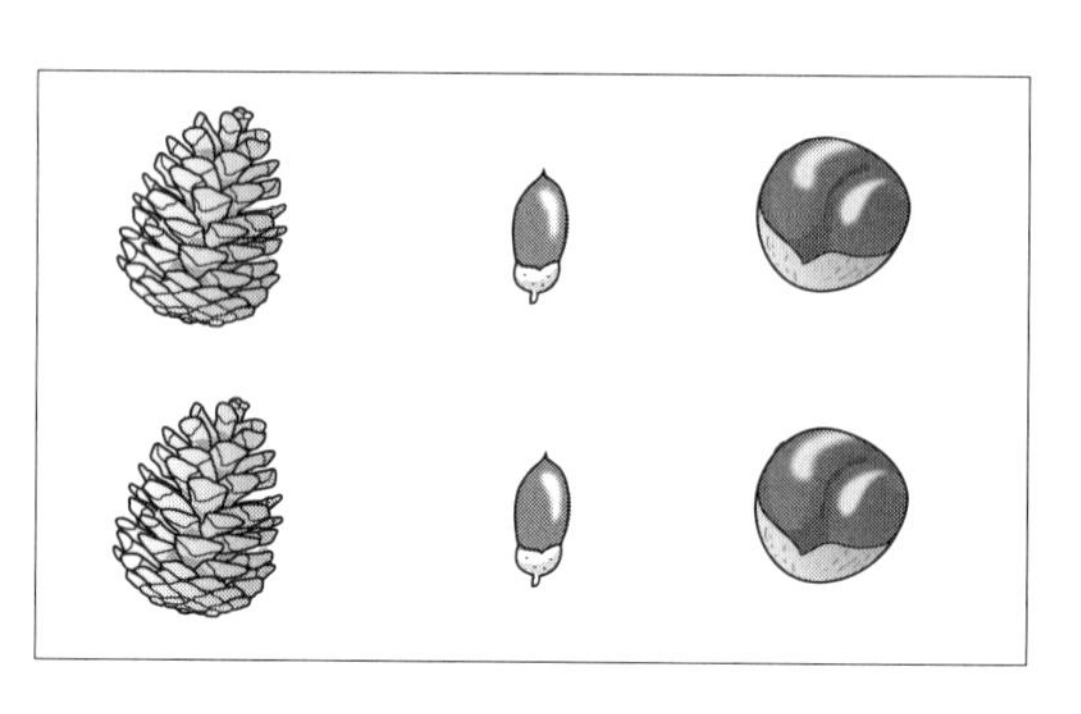

図8－3　対応づけの活動　実物合わせ。木の実などの実物でおこなう。

図8－4　対応づけの活動　絵カード合わせ。虫などのイラストでおこなう。

ぐりを探し、その下に置くのです。そうすると、同じものの対応ができます（図８－３）。
また、絵カードでクワガタ、かぶとむし、コガネムシを一緒に合わせると図８－４のようになります。

次に、分類は、同じものを三つ以上集めることです。松ぼっくり、どんぐり、栃の実なら、それぞれ、七個ぐらい準備して、一つのかごに入れておきます。そして、そばにある三つのかごにそれぞれを分類して、入れていくのです。

順序では、大きさの違う松ぼっくりを五つ準備して、それを大きさの順番に並べることもできます（図８－５）。

この対応、分類、順序の活動に子どもが興味・関心を持つ活動例にある動きを伴わせることで、より楽しい活動になります。

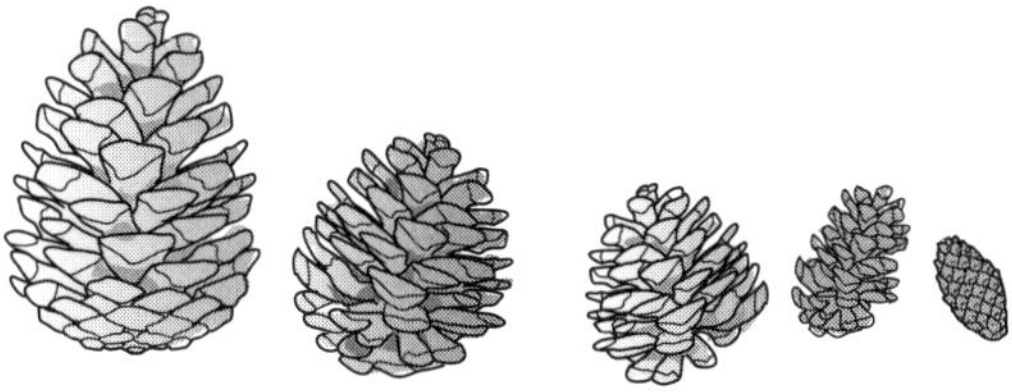

図８－５　順序づけの活動　松ぼっくりを大きい順に並べる。

《教材の作り方》

そのための教材の作り方を説明します。

対応、分類、順序に活動のリストにある活動を伴わせて教材を作ってみましょう。

図8－6を使って、遊びのプログラムを考えてみます。

《遊びのレシピ》

◎まず、子どもの興味・関心のところに、子どもを観察して得た、子どもの興味・関心のあるものを書き込みます。その下に、興味・関心の例が挙げてあります。それを参考にしてください。もちろん、ここにない場合もあります。ここでは、例えば、「恐竜」に興味・関心を持っているとしましょう。

◎興味・関心のところに「恐竜」と書きます。

◎次に、「対応」「分類」「順序」のどれかを選択します。子どもを見ていると、同じものを合わせるようなことをよくやっていると思われる場合には、対応を選びます。そして、「貼る」を選んでみます。

そうすると同じ恐竜を一緒にしていく活動で、なおかつ貼る動きを伴った活動になります。

子どもを見ると、のりで貼るのはまだ無理なので、磁石でつけることを考えます。

《準備》

◎Ｂ４のホワイトボードを用意する。そこに、対にしていくことを考えて、線を引く。

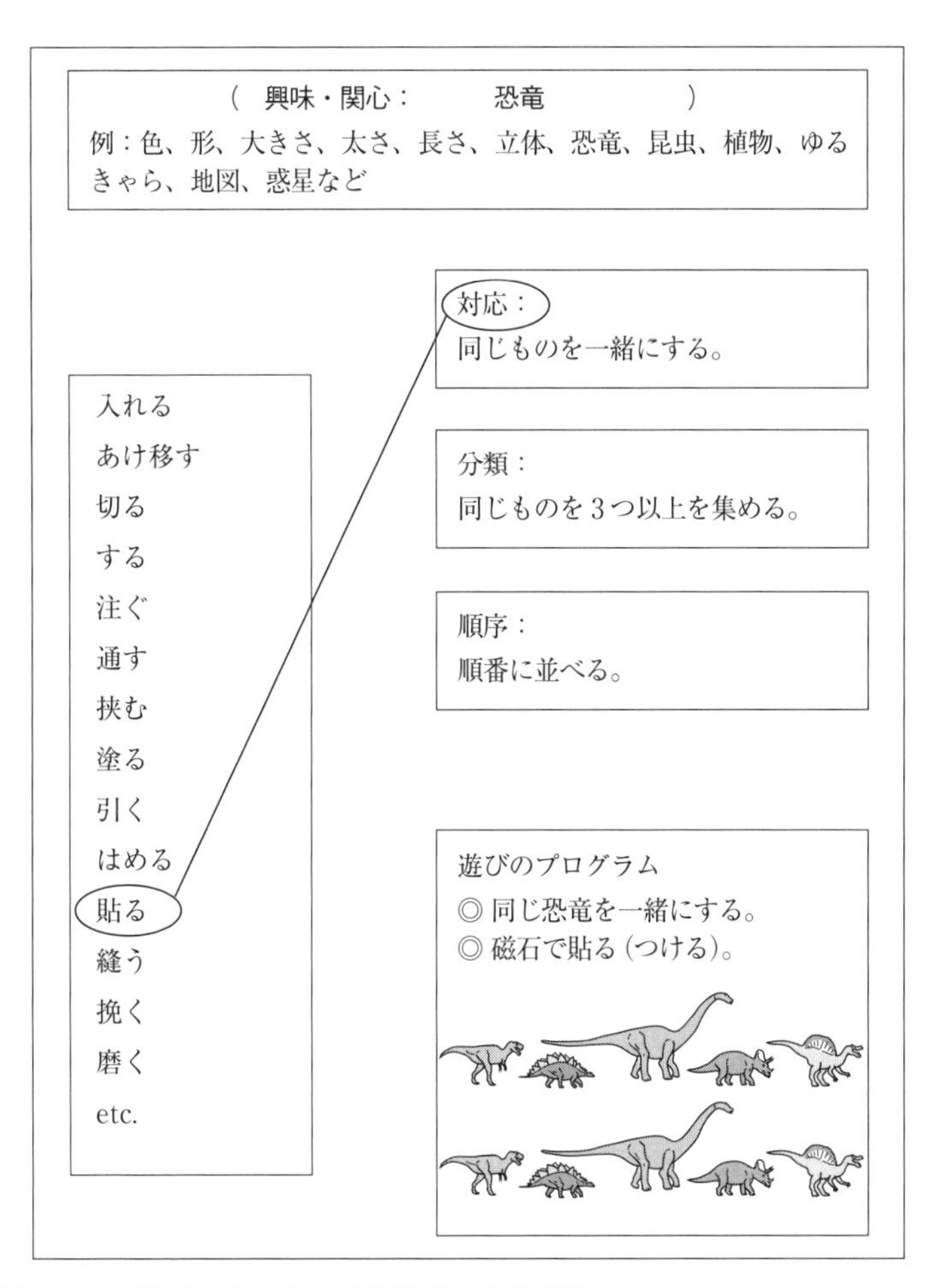

図8－6　遊びのプログラム用紙を使った作成例

◎スペースに合う大きさのマグネットシートを切る。
◎好きな恐竜をインターネットから探し、二枚ずつプリントアウトする。それを切っておいたマグネットシートに貼り付ける。

《活動の仕方》
◎上の段に、順不同に恐竜を並べる。
◎バラバラにしてあるもう一組の恐竜から一枚をとり、それと合う恐竜を探し、その下に並べて貼り、対にしていく。

この遊びのプログラム用紙を使えば、もっといろいろな楽しい遊びを作ることができます。もし、色に興味があるならば、「対応」と「分類」に「入れる」、それも「トングで入れる」活動を伴わせると写真8－2のような活動ができます。

また、昆虫に興味ある子どもに、クワガタの大きさ順（順序）に「通す」という動きを伴わせる活動もできます。

クワガタを大きさ順に五段階になるようにパソコンで調整して、印刷します。その裏側に、厚紙を貼り付けます。クワガタの顎のほうに、一穴パンチで穴をあけさせ、針に毛糸を通して、大きい順に穴を通せばできあがりです。

これで、遊びのバリエーションは無限大に膨れ上がります。

※子どもの興味・関心を中心に考えてください。もし、おとなの思いで作る場合、紹介まではよいのですが、やらせようとはしないでください。

それでは、図8－7の遊びのプログラム用紙を使って、お子さんの遊びを考えてみましょう。

このような楽しい遊びを通して、子どもは、概念を形成するばかりか、比較、対応、分析、分類などの、ものを考えるときの土台となる力をも獲得していくのです。それが、将来、文字や数を学ぶ際の土台となるのです。

ここで大切なことは、子どもの興味・関心は一人ひとり異なるのですから、それを一緒に探していくことです。

写真8－2　色の「対応」「分類」に「トングで入れる」を伴わせた活動

①子どもをよく観察すること

（　興味・関心：　　　　　　　　　　　　　）
例：色、形、大きさ、太さ、長さ、立体、恐竜、昆虫、植物、ゆるきゃら、地図、惑星など

入れる
あけ移す
切る
する
注ぐ
通す
挟む
塗る
引く
はめる
貼る
縫う
挽く
磨く
etc.

対応：
同じものを一緒にする。

分類：
同じものを３つ以上を集める。

順序：
順番に並べる。

遊びのプログラム

図８－７　遊びのプログラム用紙

子どもが、何をしているかよく見てください。いたずらも、実は発達課題であり、興味・関心として意味がある場合があります。

②敏感期を捉え、子どもの発達に合ったいくつかの活動を環境に置いてみましょう。今、お話しした簡単レシピに基づき教材を作ってみてください。

③子どものやりたそうな活動を紹介することも大切です。やりたそうに見えるだけで、本当は違うことに興味があるかもしれません。だから、紹介なのです。

紹介と押しつけは違います。紹介は、あくまで、それがどんなものかを見せることです。押しつけは、「これやってごらん」といった具合に、やらせようとする意図がある行為です。

子どもにとっては、この意図は重要です。おとなは言語化していないので、そのような意図が子どもにわかるはずはないと思いがちです。でも、子どもは、すぐにおとなの意図を嗅ぎ分けます。

④絶対に、教えようとしたり、与えたりすることは禁物です。とにかく、待つことです。

我慢してください。子どもを信じてください。

片付けについて

片付けについては、よくお母さん方から質問をいただきます。棚を準備していただき、そこに、興味・関心のある活動を並べていただいたままではいいのです。

でも、子どもによっては、次から次へと活動を出してきて、それらをごちゃ混ぜにして遊び、最終的には、部屋のなかがめちゃくちゃになってしまうというのです。そして、片付けようと促すと、片付けない、反抗するという具合で手に負えないと聞きます。

このような場合、棚に出してある活動が多すぎるのかもしれません。活動を少なめにして、一つの遊びを棚から出して遊んだら、それを片付けてから次の活動をおこなうと伝えることが必要かもしれません。

また、遊び方がわからないのかもしれません。一緒に遊んで、遊び終わったら片付けることを徹底するのが大切かもしれません。いろいろな遊びをごちゃ混ぜにすることにも意味があると考えるおとながいますが、それは、遊び方がわかっていないだけである場合が多いです。

全部出してごちゃ混ぜになっている場合、片付けようといっても片付けないかもしれません。その際は、おとなが片付けて、最後の一つを片付けさせるなど、片付けの分量を調節することも必要かもしれません。

そして、常に同じものが同じところに置いてあることを徹底してください。時間がかかるかもしれませんが、子どもは、その環境に心地よさを感じるようになります。

特に自閉症スペクトラムの子どもでは、いつも棚に置いてあった活動が、別なところに置いてあるような場合には、いつもの場所に戻す行動が見られたりします。

新しい遊び、活動を増やす場合には、玩具棚の隣に小さな机を置いておき、そこに新しい遊び、活動をしばらく置いておきます。これを「紹介コーナー」といいます。

そして、そこから運んで一緒に遊んだりすることで慣らしていきます。受け入れられるようになったら、棚の「これと取り替えようね」と言って、子どもと一緒に入れ替えるといいと思います。

第九章 興味・関心への支援

楽しい活動をするときにも困っています

これまで、発達障害、特に自閉症スペクトラムの子どもの発達や学びの土台作りについて見てきました。「落ち着いた安定した生活ができる」という土台が築かれることによって、学びの法則をまわって、認知・非認知能力を育て、自己教育をすることができるのです。

そして、発達を促す活動や遊びについて、考え方と作り方に触れてきました。

今、お家のなかには「時のコーナー」があり、おとなが子どもの興味・関心を見て作った教材が、棚に並んでいるかもしれません。「いつも同じものが同じところに」の原則が守られています。そして、何度か、教材の紹介をしてみたかもしれません。その後、子どもは、自分で棚からやりたいものを選んで、集中して活動しているかもしれません。

そうなってくれればよいのですが、必ずしもそうならないかもしれません。なぜなら、子どもがさまざまな遊び、教材に興味・関心を持ち、自由選択をして取り組むときにも、発達障害の子どもには、いろいろな困難性が出てくる可能性があるからなのです。

このとき、耳をすませば、小さな声で叫んでいる子どもの声が聞こえてきます。

「やりたいのに、できないんです。手伝って！」と。

そして、この子たちの声に耳を傾け、援助するために、大切なことのいくつかは、モンテッソーリ教育のなかにあります。

また、モンテッソーリ以後の科学的研究にはめざましいものがありますから、子どもの援助、支援にそれを利用しない手はありません。

今からそれを見ていきたいと思います。

ここで、家庭で起こる実際について、確認しておきたいと思います。

現実的には、完全に落ち着いて、安定した生活ができるようにならないと、遊び、教材の活動に進めないのかというと、そうではありません。

学びの法則をまわることによって、落ち着いた生活ができるようになる場合もありますから。子どもは、興味・関心のあるものを見つけて、それに自己全体で取り組むと、集中現象が起こります。その後、子どもが、変わることについては、すでにお話ししたとおりです。

ですから、一人ひとりの子どもを見て、落ち着いて、安定した日々を過ごすことができている割合によって、

・土台作りを優先させるのか
・すぐに学びの法則をまわる子どもの遊び、教材の活動を進めるのか
・同時並行でいくのか

を、子どもをよく見て決めることが大切です。

次に、学びの法則をまわって活動するときの困難性について、さくらちゃんのエピソードを通して見てみましょう。

さくらちゃんの諸事情

ここで、大月さくらちゃんを紹介します。四歳の女の子です。ある大都市部の相談支援センターで、何回かの相談を経て、モンテッソーリの発達支援センターに入園しました。さくらちゃんは、愛くるしい顔をしています。低出生体重児で生まれました。とても、痩せている印象でした。

三歳（年少）から、ある幼稚園へ入園しました。幼稚園でいじめにあい、不登園になりました。朝、幼稚園に行くことを嫌がり、大泣きするようになったのです。

最初、お母さんは、いじめにあっていることは知らず、とにかく幼稚園には行かせなけ

ればとの思いで、強引に連れていったそうです。

しかし、幼稚園登園後も、ずっと泣いているために、幼稚園からは、お母さんが付き添うようにいわれ、降園時まで、一緒に過ごして帰ることが長く続いたそうです。徐々にクラスの子どもたちもお母さんがいることが当たり前になり、普段の様子を見せてくれるようになったそうなのです。

すると、お母さんは、そこでいろいろなことを知ることになりました。

「うちのさくらを見ていると、どんくさいっていうんですか。動作が遅いんですよね。水道のところで並んで手を洗うにしても、隣の列は三人もかわっているのに、まだ、洗っているみたいな。洗っているというか、その場に立っているんですよ。水が手にかかるのが怖いみたいで……。そして、後ろの子が早くしてよっていうと、『あ、ごめんね』なんて突拍子もない声で言うものだから、ますますイライラして、さくらの列から別の列に移っていくんですね。人と話していても、何テンポも遅れるし、それでまわりの子が、どんどん引いていってしまうのに、わからずにみんなの後をついて行くものだから、嫌われるんです」と、ちょっと投げやりでした。

それから何度も「もう、さくらちゃん、あっちいって」などと言われている場面を見てしまい、ここはさくらのいる場所じゃないと思ったそうです。

また、さくらちゃんの手の動きについても、何かをするとき指先だけを使ってやろうとするから、うまくできないことが多いのではと話し、心配している様子でした。

そして、発達支援センターの面接のとき、

「さくらが毎日楽しいと感じるところで過ごさせてやりたい」と言っていたそうです。

さくらちゃんは、病院での検査の結果、発達指数が七八でした。また、診断名は、自閉症スペクトラムでした。

さくらちゃんの興味・関心って何？

モンテッソーリの発達センターに移ってからは、毎日ニコニコ登園していました。

さくらちゃんを観察すると、落ち着いて安定した生活を送るという点に関しては、何も大きな困難さはありませんでした。

さくらちゃんは、どんな興味・関心があり、何を自由選択するのかと、先生方はとても楽しみにしていました。

さくらちゃんが、最初に選んだのは、色水注ぎでした。二つピッチャーが用意されていて、片方のピッチャーに入った色水をもう片方のピッチャーに注ぐという作業です。

しかし、うまく注げず、水をトレーにほとんどすべてこぼしてしまいました。水は、トレーの堰を越え、机も水浸しになってしまいました。台ふきんの棚から、台ふきんをさくらちゃんと一緒に持ってきて、ふこうとしたとき、色水が手につくのを嫌がったのです。

そばの友達も台ふきんでふくのを手伝ってくれてきれいにはなったものの、さくらちゃんはそれ以来、ピッチャーの活動には手を触れなくなったのです。

幼稚園でも、朝の準備、衣類の着脱などができず、時間がかかり、自信をなくしていたところに、今度のできごとは、さくらちゃんの自信をさらに落としてしまうことになったのかもしれません。

写真９－１　色水注ぎ

興味・関心と自由選択の際に見られる困難性

ここで、興味・関心と自由選択の際に一般的によく見られる困難性について、まとめておきます。

目標としているのは、子どもが自分の興味・関心に基づき、自由選択をすること。その後、自己活動を繰り返し、集中現象を起こすことです。

一つ目の困難さは、興味・関心が見つからず、自由選択がおこなえないということがあります。

ですから、お家でおとなが一生懸命教材を作って、紹介し、棚に置いてあげても、やろうとしない場合があります。そうするとおとなは、がっかりしてしまいます。

最初から、すぐにやりたいものを選択して、取り組む子どもがいる一方で、なかなか選択できない子どもがいます。でも、時間をかけて、待ってあげれば、取り組むのです。人には、それぞれペースがありますから、ペースによる早い、遅いは問題ではありません。個人差の範囲のことです。この個人差は、認めてあげることが大切です。

しかし、もしその範囲を超えている場合には、その行動の意味を考えることが必要になります。次にこの行動の意味を考えてみましょう。

おとなとの関わりから出てくる困難性

おとなとの関わりから派生してくる問題です。子どもにとっての誤学習であり、二次障害と言えるものです。これには、大きく三つあります。

一つは、決めつけと押しつけです。内発的動機付けというものがあります。おとなからやらされたり、ご褒美につられたりしておこなうと、それは課せられたものに変わってしまい、取り組むこと自体への喜びはなくなってしまうのです。ということは、徐々に自らの興味・関心もわからなくなり、意欲、主体性などがなくなり、おとなから与えられることを待つことになります。

そのような関わりはどうして起こるのでしょう。

私たちは、往々にして「子どもは、こんなものが好き」（ここにも子どもはみんな同じ、平均で見る見方が隠れています）と勝手に思い込み、いろいろなものを与える（押しつける）ことを知らず知らずのうちにしています。

その最たるものは、市販のおもちゃです。誕生日に、喜んでくれるかなという思いで、高価なおもちゃを買ってきたお父さん。子どもの様子を見てがっかりしてしまうことがよくあります。子どもは、高価なおもちゃより、おもちゃが包んであった包装紙、手提げ袋のほうに興味を惹かれ、それで一生懸命遊んでいるのですから。

それでも、お父さんは負けずに、

「こんなもので、遊ばないで」と言って、包み紙をゴミ箱に捨て、高価なおもちゃで一緒に遊ぼうとします。お父さんと一緒に遊べるから、そのときは、そのおもちゃで遊ぶことに付き合ってくれます。しかし、お父さんがいなくなると、その高価なおもちゃには見向きもしないことが多いのです。

それでも、お父さん、あるいはお母さんに関わって欲しいから、それで遊ぶことになります。

そうやって与えられ続けると、子どもは、自分の本当の興味・関心が徐々にわからなくなっていきます。そして、いつも人が与えてくれるのを待つようになるのです。

発達障害児の場合には、同一性保持への執拗な欲求があるので、この「与えられたおもちゃ」で一緒に遊んでもらうことがパターンとなり、それを解除するのが困難な状況になってしまうことが多々見られます。そうすると、いつも与えられるのを待つことになり、なかなか興味・関心のあるものを自由選択することに困難さを持つことになります。

また、自閉症スペクトラムの子どもの場合、想像性の障害があり、自由のなかから選択するのは困難なので、指示を与えなさいという指導をされる場面があります。このようにされても、子どもの興味・関心、自由選択力は、しぼんでしまいます。というよりは、「自閉症は自由が苦手」というのは、環境により作り出された特性とも言えるのではないかと思います。

ですから、子どもの敏感期を少しだけ知っていただくことが必要です。すでに、本書では、子どもの興味に合った活動の作り方をお伝えしました。それがどんな活動なのか紹介することは大切ですが、押しつけは禁物です。棚に置いておき、待つことが大切です。でも待てないのがおとなです。忍耐してください。そして、子どもが興味を持ってくれないなら、それはおとなが子どもの興味・関心を見誤ったということです。もう一度よく見て、作ってみましょう。


もう一つは、おとなの評価です。

私が、昔、担任をしていたクラスに、三歳児の愛美ちゃんがいました。絵を絶対に描かない子でした。また、教具・教材も失敗しそうなものは、絶対に選びませんでした。いつも愛美ちゃんの発達からすると簡単な、ひも通しとか、粘土などを選んで活動していました。どうしてなのか不思議で、観察したり、情報収集をしたりしました。

結果、お母さんが話してくれました。お父さんが、愛美ちゃんの絵を「下手くそだな」「りんごは、こう描くんだ」などと言って、教えているというのです。また、やるのが遅かったり、失敗したりすると、そのことを非難し、こうやる、ああやると教えるのだそうです。お母さんは、お父さんに、愛美が萎縮してしまうので、やめて欲しいと言っているのだそうですが、お父さんは、自分も母親にそうされてきたんだから大丈夫、と言って、言うことを聞いてくれないのだというのです。

それで、愛美ちゃんの秘密がわかりました。おとなからの評価を気にして、失敗しないものを選んでいるのです。

ですから、評価は絶対にしないでください。その子の興味・関心は潰されてしまいます。

最後は、おとながすべてをやってあげてしまうことです。靴を履かせる、服を着せる、食事を食べさせるなど、おとながすべて先回りしてやってあげてしまうと、子どものなかの発達課題などの内部プログラムも働かなくなります。その結果、おとながやってくれるのを待つようになり、子どものなかの興味・関心は動きを止めます。

ですから、モンテッソーリの言っているように、子どもの心の叫びに耳を傾けることが大切です。子どもは、たとえ、発達障害があっても、「できるところは自分でやりますから、できないところだけ援助してください。一人でできるようになりたいんです」という願いを持っているのですから。

障害特性からくると思われる困難性

想像性の障害があると、想像することに困難さを持っています。そのため、その教材がいったい何をするものなのかわからないから興味・関心さえ持てないという場合があります。

縦割りのモンテッソーリクラスでは、三歳から五歳までの子どもたちがそれぞれの興味・関心に基づいた活動が展開されています。そのため、その活動を見て、興味・関心を持つことができます。ある子どもは、大きな日本白地図に、都道府県ごとの木製パズルを置いていく活動の様子を見て、面白そうと感じるかもしれません。この活動を見ているだけで、白地図の上に都道府県のパズルが置かれていくのですから、最終的には、すべての都道府県を置いて、日本列島が完成するという目標がわかります。そうではなくとも、とにかく面白そうだからやってみたいと思う子どもが多いと思います。

しかし、自閉症スペクトラムの子どもには、想像性に問題があったり、また、先にも挙げた求心性統合の問題を抱えていたりします。そのため、時間が先へ進んでいくことが理解できず、このパズルがどうなるのかがわからないことがあります。

そうすると何をやるものかわかりませんから、面白さを感じません。つまり、興味・関心が持てないという状況になってしまうのです。

そのような場合には、写真、イラストなどで、完成した状態を見せてあげ、わかりやすく説明することを通して、興味・関心を引き出すことも必要です（図9－1）。

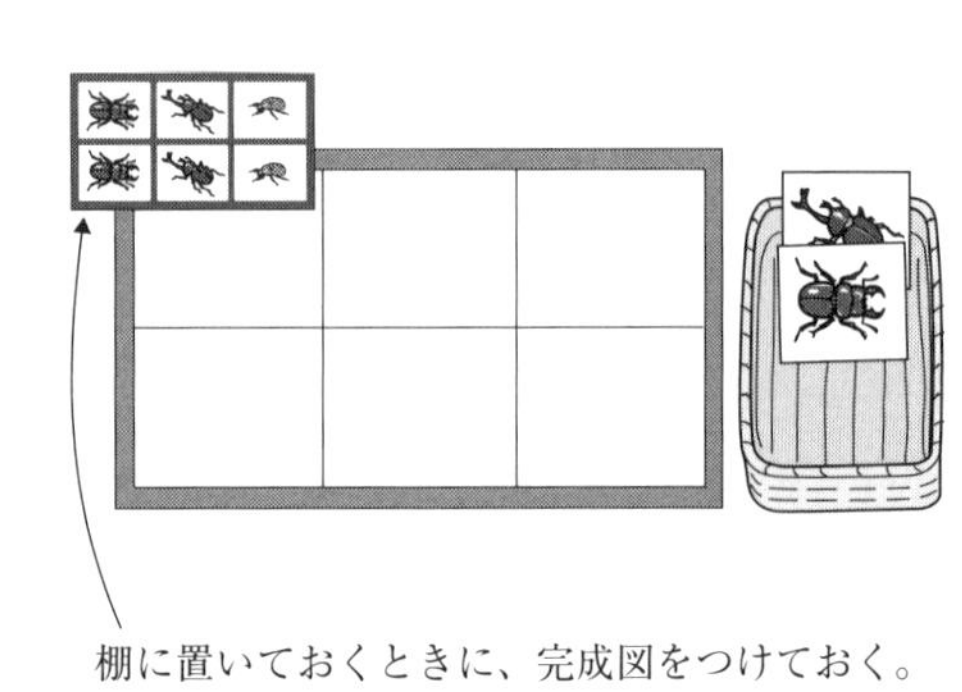

図9－1　目的を示す完成図

さくらちゃんの願い

さくらちゃんに、話を戻しましょう。

さくらちゃんの色水注ぎの失敗から、「やりたいのに、できないんです。手伝ってください」という彼女の叫びが聞こえてきませんか。

この子の困難さは、前幼稚園で日常のことが遅く、いじめられ、自信をなくしていること、そして、運動の困難さと感覚過敏である可能性があります。

前提としては、この子の運動に医学的な問題を除外しておくことが必要です。医学的な問題があるのであれば、医療に任せなければなりません。大抵は、市町村の保健センターなどでおこなう一歳六ヵ月児健診、三歳児健診でわかっていると思われます。

さくらちゃんの場合には、医学的な問題はありませんでした。

さくらちゃんをよく観察すると、まず、椅子に座ったときに、すぐに姿勢が崩れてしまいます。また、手に力が入っていないようでした。握手をしても、握り返す力に弱さを感じます。少し重いものを持ち上げようとすると、手が震えたりします。

一般的な考え方について、説明したいと思います。

さくらちゃんのように体や手の運動に困難さがあり、うまく活動ができない原因の一つは、体を支えることにあります。

もちろん、姿勢の崩れは、興味・関心のないものを押しつけられ、面白くないという「やりたくないサイン」ということも充分考えられます。いっぽうで、本当はやりたいと思っているのに、体がいうことを聞いてくれないということもあるのです。

このどちらなのかを見てあげることが大切です。体の問題であれば、子どもの意志に反していますから、子どもは困っていることになります。ですから、おとなが怒ったり、あきらめたりするのは、おとなの勝手な評価ということになります。

体の問題で困っている子をクラスでよく観察すると、すぐに頬杖をついたりします。また、椅子に座ると、片足を座面に乗せたり、すぐに姿勢が崩れたり、何かに寄りかかったり、寝そべったりして注意されることが多くなります。今は、大学生でも体を支えるのが難しい人が増えています。授業時間の後半から、机にすっかり上半身を預けてしまう学生がよく見られます。

筋緊張の問題

これは、筋緊張に問題があることが原因かもしれません。

私たちの体は、筋力で支えられています。また、筋力の働きにより、各部位が動きます。筋肉には、骨格筋（腕や足の筋肉、腹筋、背筋など）、平滑筋（内臓の筋肉）、心筋（心臓の筋肉）があります。子どもの活動を考えるとき、骨格筋がとても重要です。

腕を伸ばしたり、縮めたりするときの筋肉の役割について見てみましょう。まず、首から背中に広がる菱形の筋肉は、僧帽筋といいます。この筋肉は、肩甲骨を支え、腕の運動を助ける働きをします。力こぶになる筋肉は、上腕二頭筋といいます。その反対側にあるのは、上腕三頭筋です。この上腕二頭筋が縮み、上腕三頭筋が伸びると腕を縮めることになります。また、腹筋、背筋なども体を支える大切な筋肉です。この筋肉の伸びる・縮むの関係のことを筋緊張といいます。

筋緊張が低いと、力が入っていないダラーとした状態になります。高いと体は引き締まります。

発達障害児のなかには、フロッピーインファントといわれる子どもたちがいます。フロッピーとは、かなり昔のパソコンの記憶媒体です。今は、SDカードなどいろいろなものがありますが、昔は、大きなディスクでぐにゃぐにゃしていました。だから、筋緊張の低い子どもたちのことをこう呼んだのです。特に、腹筋、背筋に弱さがあります。この子たちは、知的な遅れの有無に関係なく、体を支えることが困難な場合があります。

手の発達の問題

次に手の発達について見ていくことにしましょう。

赤ちゃんをうつぶせにするとわかるように、首が据わると、首を一生懸命立てようとします。しばらくすると、前腕と肘で体を支えることができるようになってきます。そして、上腕、前腕両方を伸ばして体を支えることができるようになります。

この背景には、先ほどの筋肉の発達があります。僧帽筋、上腕二頭筋、上腕三頭筋、総指伸筋が発達してくるのです。

そして、最後に発達する手は、尺側（しゃくそく）（小指側）から橈側（とうそく）（親指側）へ発達していきます。これは、運動発達の法則の一つ、中心から周辺への発達といわれているものです。

この発達の順序性からすると、手先の不器用さは、その前の段階の前腕、上腕、僧帽筋の発達がうまくいっていない可能性があります。

また、静かにものを机の上に置けない、まるで投げるようにおく子どもも筋肉の発達がうまくいっていない可能性があるのです。

手先に困難を持つ子どもの支援

手先の不器用さなどがあり、その子の興味・関心のある活動ができない場合の考え方についてお話しします。

運動は、中心から周辺へ発達するので、手先に問題を抱えていることは、手先よりも前の部分に問題があることを示しています。そのため、考え方の一つとして、肩、上腕、前腕の発達を促します。楽しく体を動かす活動、戸外での活動などを通して、育てていくことが必要です。

その一方で、手が不器用な状況でも、手先を使った活動への興味・関心があるのですから、そのような手の機能でもできるように環境の工夫をしてあげることが必要です。

先ほどのさくらちゃんについては、ピッチャーをさくらちゃんの手に合うものにしたり、そのなかに入れるものを水ではなく豆、コメなどにして、難易度を下げることによって、失敗なく、自分のやりたい活動ができる可能性があります。

四歳の幸くんの例もお話ししましょう。

彼は、先生が作った恐竜図鑑を作りたくて仕方がありません。そのためには、コピーした恐竜をはさみで切り取り、のりで貼るという作業が必要です。しかし、うまくはさみで切ることができません。体全身の筋緊張が低く、手先も不器用なために、はさみで切ろうとしますが、はさみを開くことができません。両手ではさみを開き、四本指穴と親指穴に指をいれて、切ろうとしますが、うまく切りたい部分に持っていくことができず、恐竜の首を切り落としてしまったりして、そのたびにかんしゃくを起こします。

そのようなときに、バネ式ばさみを紹介することによって、ある程度、形を切ることができます。バネ式ばさみとは、バネではさみが開くようになっていて、四本指穴と親指穴に指を入れて、握れば切ることができます。開くのは、バネがやってくれますから、握るだけの操作をすればいいのです。

また、このはさみを使うための準備の活動を紹介することも必要かもしれません。洗濯ばさみを厚紙にはさむ作業の例をお話ししましょう。これは、運動の敏感期にいる二、三歳ごろの子どもが、目と手の協応動作、両手の協応動作、手指の巧緻性などの発達課題を達成するためにおこなうものです。身近なところでは、お母さんが洗濯干しのときに使う洗濯ばさみに興味を持ち、はさんだり、とったりする活動をしたがることがヒントになって生まれた教材です。

しかし、手先の不器用な子どもにとっては、至難の業である場合が少なくありません。

そのため、洗濯ばさみのバネの強さの弱いものから強いもののステップを考えてあげます。木製の洗濯ばさみは、バネの強さが弱いです。また、写真9-2にあるような大きな洗濯ばさみの強さは二番目くらいです。一番強いのは、普通の洗濯ばさみです。ですから、子どもが、興味・関心を持ったら、その子どもの手指の力に合わせて教材を準備できます。

子どもが興味・関心を持つほとんどの作業で、例にあげたような工夫やステップを考えることができます。

そうすることで学びの法則をまわりますから、認知能力としての手の機能は、徐々に発達するのです。

感覚過敏

さくらちゃんの色水注ぎの際にもう一つ気になる行動がありました。それは、色水を触るのを嫌がったことです。その行動の意味を考えると、二つの仮説を出すことができます。

一つは、感覚過敏です。もう一つは、たぶん、色のついた水が何かわからないことによるものかもしれません。この年齢では、一般的にいろいろな経験から、色水であることは類推してわかると思われますが、想像性の障害を持っている彼女には、理解が難しく、初

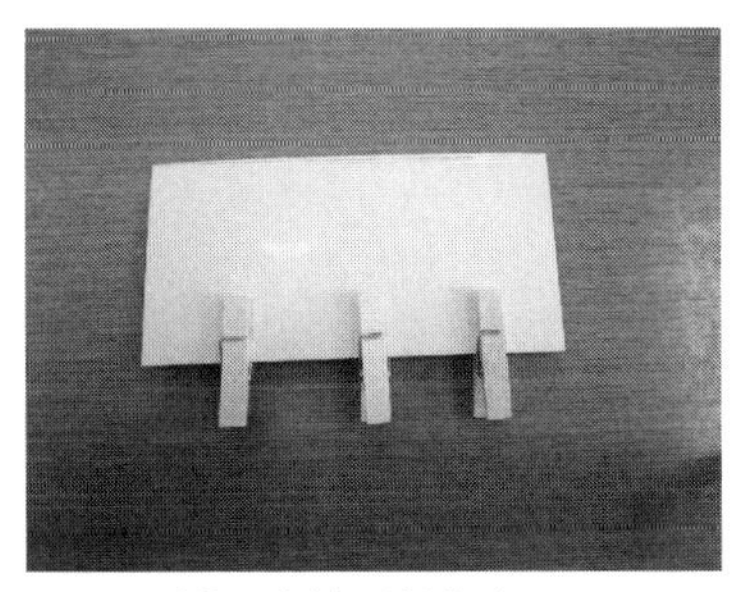
ステップ①　木製の洗濯ばさみ

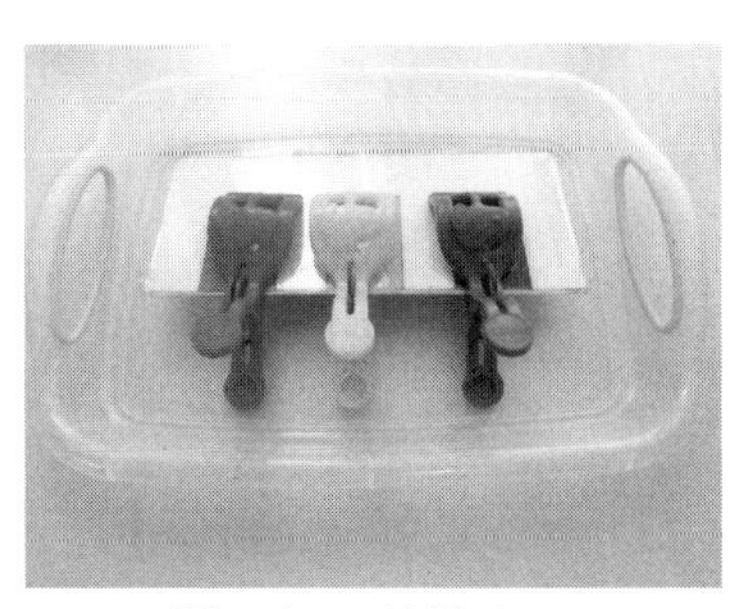
ステップ②　大きな洗濯ばさみ

ステップ③　普通の洗濯ばさみ

ステップ④　普通の洗濯ばさみのバリエーション

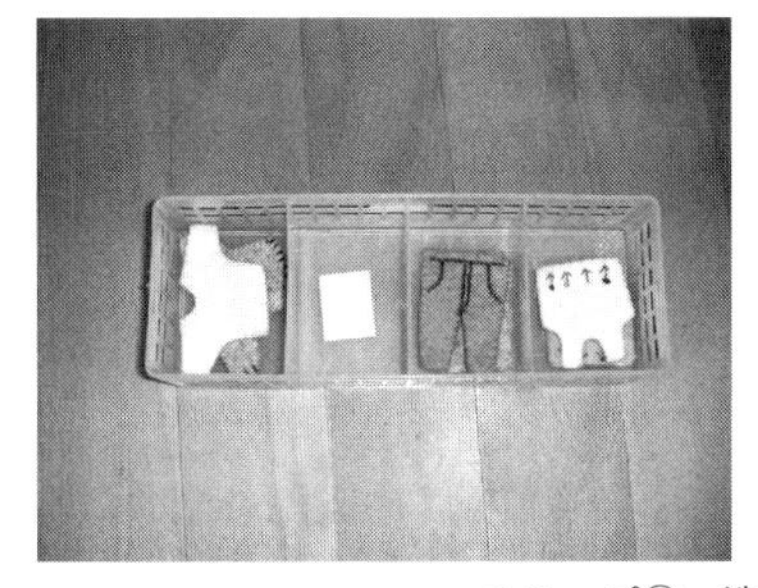

ステップ⑤　洗濯干しの前段階

写真９－２　洗濯ばさみではさむ活動のステップ。洗濯ばさみで獲得された親指と他の４本指でつまむ動きは、はさみで切るときの動きにつながっていきます。

めてのものに対する恐怖感から触ることができなかったのかもしれません。

感覚過敏について説明しましょう。

五感があることは、よく知られています。モンテッソーリ教育の感覚教育も、五感、つまり、視覚、聴覚、触覚、嗅覚、味覚の洗練を目的にしています。発達障害の子どもでは、この感覚器官が過敏になりすぎ、不適応を起こすことがあります。

さくらちゃんのお母さんが心配していた手先だけで何でもしようとするから時間がかかるということと、幼稚園の手洗い場での行動、今回の水を触りたがらないことを考え合わせると、触覚過敏である可能性があります。手のひらに触覚過敏があると触覚防衛反応が起こり、いろいろなものに触るのを嫌がります。

聴覚、視覚の過敏についても見ておきましょう。

音が脳内の伝達経路を通るときに、増幅経路と抑制経路があることが知られています。自閉症スペクトラムに多い聴覚過敏では、その抑制経路に障害があることを三重大学大学院医学系研究科発生再生医学講座のグループが明らかにしました。

自閉症スペクトラムでは、音が抑制されない分、大きな音として知覚されます。それは、耐えがたい苦痛を与えることになります。そのため、自閉症スペクトラムの子どもは、両手で耳を押さえたり、静かなところへ逃げて行ったりすることがあります。

視覚過敏もあります。目に光が入りすぎて、まぶしくて見ることができません。また、視覚的な刺激、周囲を動く人などが視覚に飛び込んできてしまい、注意がそれ、しまいには疲れてしまうなどのことが起こります。あるいは、集中できない、落ち着きのなさにつながります。

聴覚過敏の子どもに遊びや、教材の紹介をする場合、そして自己活動をする際には、静かな環境が必要な場合があります。モンテッソーリ園で、クラスが落ち着いていて、作業に集中している子どもが多いクラスには、静けさがあります。ですから、多少過敏であっても、先生からの提示・提供を受けたり、自己活動をすることができます。しかし、騒がしいクラスでは、音の刺激を過敏に感じている子どもがいるかもしれません。

家庭では、テレビの音がガンガン鳴っているところで、絵本の読み聞かせ、あるいは何かを伝える、教えることをすると、嫌がってどこかへ行ってしまうかもしれません。ですから、できるだけ静かな環境を準備してあげることが大切です。

一般的には、聴覚過敏では、イヤーマフなどを使って聴覚刺激を遮断する方法がとられることがあります。しかし、イヤーマフなどを使えば、人の話し声も聞こえなくなってしまいます。ですから、短絡的にイヤーマフを使えばよいというものではないと思います。程度の問題です。

視覚過敏は、視覚にいろいろなものが飛び込んできて、目の前の遊びや教材の紹介、その後の自己活動に注意を向けることができません。これも程度の問題がありますが、その傾向が見られる場合は、お家の端の壁に向かうように机を置くなどの対処が必要になる可能性があります。

紹介をする際に、机の上に教材を並べることがあります。その際、あまりたくさんのものを、整理されないままに、ごちゃごちゃに出すと、視覚にたくさんのものが入力されて、耐えがたい状況になる場合があります。子どもによっては、別の話をして紹介を別方向へそらそうとしたり、その場から逃げるなどさまざまな回避行動をとることがあります。

今までに出会った感覚過敏の子どもたちには、モンテッソーリ教育環境で、自分の興味・関心のある活動に集中すると、気にならなくなった子どもがたくさんいます。それを考えると、過敏だから「ダメ、できない、しなくていい」あるいは「イヤーマフ」と短絡的に反応してしまうのではなく、よく子どもを観察することが大切です。観察→分析→仮説です。どんなときに起こるのか、頻度はどのくらいなのか、総合して、どの程度の過敏と考えられるのかといった具合です。

それと同時に、その子の興味・関心をくみ取り、面白くて集中してしまうような活動ができるように導くことが大切です。

モンテッソーリ幼稚園などの場合には、クラスの子、一人ひとりが自分の興味・関心に基づき自己活動やグループ活動を展開し、結果として静粛なクラスになっていることが、聴覚過敏の子を受け入れるための環境にもなっているということです。ですから、過敏な子どもは、騒がしい園は向いていないかもしれません。

さくらちゃんの場合、主に感覚教具に興味・関心がありました。感覚教具は、各感覚器官を洗練させること、知性を育てること、概念を形成することなどを目的におこなわれる教育です。そこには、すでにお話ししましたピンクタワーなど、手全体を使わなければできない活動がたくさんあります。

さくらちゃんは、ピンクタワーを垂直方向に積み上げるのが大好きで、何度もやっていました。そのときは、手のひらも使わずにはできないので、つい使ってしまったのでしょう。それ以外にも、面白くて防衛を忘れて手を使ってしまうなどのことがたくさんありました。一年後、手のひらの過敏は、かなり和らいでいる様子でした。

もちろん、強度の感覚過敏の場合、専門的な関わりが必要だと思われますが、過敏の客観的な評価はまだ、できるレベルにはありません。

それは、感覚の問題ですから、主観性が入り込む余地が大きいです。さらに言えば、いろいろな状況に影響を受けます。これからの研究を待たなければならないと思われます。

例えば、子どもを見ていると、自分のやりたくない状況に置かれると聴覚や視覚過敏の度合いが増すとか、イライラすると触覚が過敏になるなどがあるようです。ですから、いつどんなときに過敏になるか、それがその子の許容を超えるのかはわからないことが多いです。そのため、ドイツのモンテッソーリ学校では、イヤーマフが数本壁に掛けられていて、必要な子どもが必要なときに、自由に使えるよう工夫されていました。

また、子どもが、落ち着いて安定して生活でき、自分のやりたい活動に夢中で取り組むときには、あまり感じていないことが多いようです。

それを考えても、さくらちゃんのように、まずは、活動に夢中になり、過敏を忘れ、慣れていくような方向性を模索することが有効だと思います。

第一〇章　日常生活の練習

金属磨き

これからは、実際に子どもが活動をおこなう場合の困難性を考えてみましょう。

二歳、三歳ごろからは運動の敏感期です。目と手の協応動作、両手の協応動作、手や指先の動きの調整（手首の回旋、手先の巧緻性など）が発達課題となる時期です。そして、ちょうどこの頃は模倣期になり、お母さん、お父さんの日常の生活をまねする時期になります。例えば、お母さんがやっている庖丁（ほうちょう）で切る、ほうきで掃く、ひもを結ぶなど日常のあらゆることをまねしたくてたまらない時期なのです。

モンテッソーリ教育では、この発達課題と、興味・関心に応えるために、家庭生活でおこなわれているものを子どもたちでも扱える大きさのものにして準備します。そして、棚に配置し、自由選択ができるようにします。ここまでは、今までもお話ししてきました。

そして、この教育のことを「日常生活の練習」といっていました。

その一つである「金属磨き」を取り上げて、発達障害、なかでも自閉症スペクトラムの子どもの困難性と支援方法を見ていきます。

「金属磨き」は、日本ではあまりやりませんが、西欧では、家庭で日常的におこなわれています。西欧では、家具や調度品に真鍮（しんちゅう）が使われていることが多いのです。真鍮は時間が経つと色あせてきますから、磨く必要がでてきます。そのようなわけで、家庭にある燭台などを磨く習慣が西欧にはあります。

日本でも、明治期の建物などによく使われていました。最近の家庭ではあまり見ませんし、磨くことはほとんどないと思います。でも、運動の敏感期にいる子どもにとっては、とても魅力的な活動です。くすんでいた金属が、ピカピカになるのですから。

また、この金属磨きは、遊びのレシピのところにあった対応、分類、順序に対応させておこなうこともできます。

例えば、真鍮でできた恐竜、虫などを二組ずつ準備します。それを、小さめの衣装ケースなどに入れた砂に埋めて、発掘さながら、穴のあいたお玉で砂をすくい、探していきます。

出てきたら、磨き、同じものがあったら、標本さながら、対にして箱に入れていく活動を考えることもできます。

困難さ①　図地弁別

磨くものとして、真鍮でできたお皿、小さな燭台、じょうろ、コップなどを準備します。そして、磨き液（ピカールなど）の入った容器、小さなスプーン、二種類の布（磨き液をつけて金属に塗るための布として化粧用コットンと、磨くための布としてネル生地）、ビニールマット、汚れた布を入れる器、台ふきん、エプロンを準備します。

まず、エプロンを着け、机の上にビニールマットを敷きます。次に用具を使う順番にマットの上に並べます。その後、金属に塗るための布をとり、マットに置きます。次に磨き液の入った容器とスプーンをとり、ふたを開け、磨き液をすくい、布につけます。磨き液の入った容器を元の位置に戻します。磨く金属に、液をつけ、汚れた布を入れる容器に置きます。

磨くための布を、人差し指と中指に巻き付け（できなければ、人差し指に巻き付けてもよい）、金属を磨きます。磨き終わったら、磨くための布を汚れたものを入れる容器に置き、全体の片付けになります。

モンテッソーリ教育では、活動の際に、トレー、ビニールマット、フェルトマット、絨毯（じゅうたん）などを使います。これは「環境からの孤立化」といって、子どもが自分の活動の場所をわかるようにするものです。自分の活動の場所がこの範囲であることがわかること、また、他の子どもにとっても、○○くんの活動をしている場所と認識でき、邪魔をしないように気をつけるよう促します。もちろん、机を汚れから守るという目的もあります。

そして、これは、発達障害児にとっても、とてもわかりやすいものです。発達障害の子どもには、図地弁別が苦手な子どもがいます。図地弁別とは、もの（図）が、背景（地）から際立って知覚されることです。例えば、白い背景に、黒いカラスは、とてもわかりやすいと思います。この場合のカラスが図で、白い背景が地です。これは、聴覚でも起こります。伴奏とメロディーを比べたとき、伴奏は背景になっているので、メロディーが際立って聞こえます。

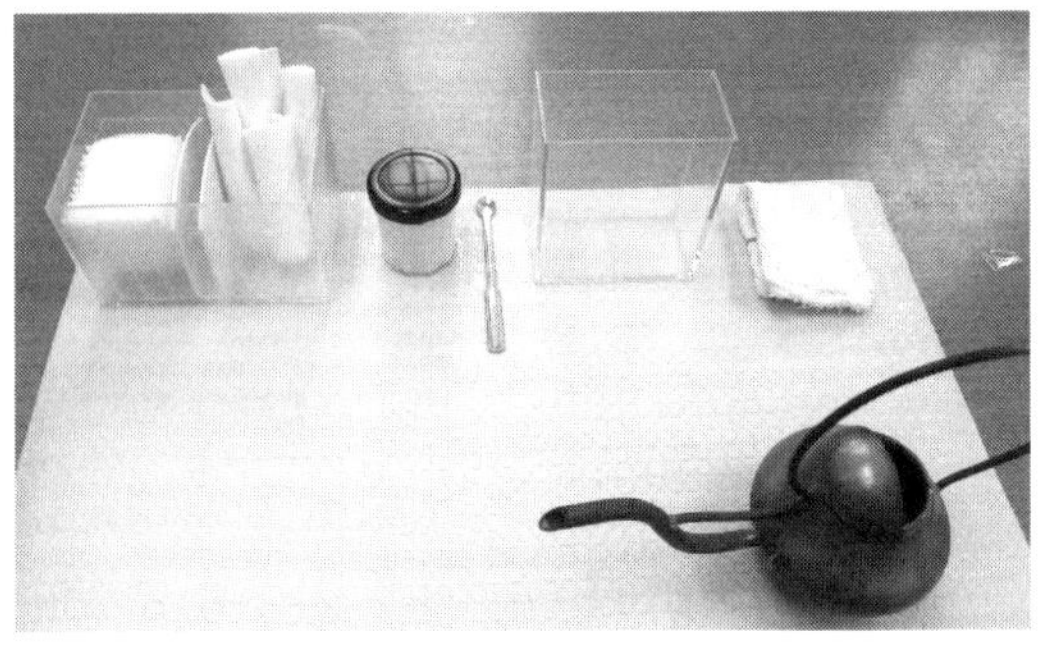

写真10－1　金属磨き

闇夜のカラスは、一般的にわかりにくいです。これは、図と地の差がほとんどないからです。しかし、発達障害児のなかには、図と地の差が、ある程度あるにもかかわらず、図が知覚できない場合があります。よくあるのは、動物園に行って、ブッシュのなかに紛れている動物を知覚できないなどがあります。

こうした場合でも、シート、マット、絨毯を背景にして、そのうえで教材が際立つようにすることで、わかりやすく、活動がしやすくなります。その際には、シート、マットなど「地」になるもの、つまり背景になるものが、「図」になる教材、教具を際立たせ、注目しやすくすることが必要です。そのためには、図と地の色、材質などを考えることが必要になります。

この金属磨きでは、白い布を使うので、背景のマットには、薄い水色やピンクなどを使うとよいと思われます。

困難さ②　選択的注意

次にマットの上に、使うものを使う順番に並べていきます（写真10－1下）。最初は、二種類の布（磨き液をつけて金属に塗るための布と、磨くための布）の入った箱を左上に置きます。その隣に、磨き液の入った容器と小さなスプーンを置きます。次に、汚れた布を入れる容器、台ふきんの順に置きます。

発達障害児は、たくさんのものがあると、どこへ注意を向ければよいのか、どこを注目すればよいのかが、わからない場合があります。

これは、心理学でいう注意と関連しています。注意には、受動的注意と能動的注意があります。前者は、物音がしたらそちらを振り向くなどのように刺激があるので注意を向けるということです。後者は、自ら進んで、意図的に注意を向けることを言います。そのなかでも「選択的注意」とは、いろいろな刺激が混在している状況にあって、特定のものを選択して注意を向けることです。

この注意には、視覚と聴覚の両方があります。ここでは、視覚の選択的注意が関わっています。

写真10－2を見てください。これは、モンテッソーリ言語教育の移動五十音という教具です。このような同じ枠がたくさん並んだなかで『ぬ』を見てください」というと、探して、「ぬ」に選択的注意が向けられます。その際、下の図のように「ぬ」が背景から際立ち、後のものは背後に埋もれるように見えるのです。この際、背景も見えてはいますが、背景はうまく脳で処理されています。

しかし、発達障害児の場合には、周囲のものをぼかして、見たいものに焦点を合わせることや、焦点を視野のさまざまな部分に移動させることができない場合があります。また、焦点の範囲を広くしたり狭くしたりできず、どこを見ればよいのか、中心は何かということが理解できない場合があります。

そうすると、ものが増えれば増えるほど、全体がぼんやりしてしまって、どこに注目すればよいのかわからなくなってしまうのです。

金属磨きでは、あまり用具は多くないので混乱する子どもは少ないと思われます。たくさんの用具を必要とするものでは、用具を少なく制限したり、活動に区切りをもうけて細分化したりなどを考えてあげることが必要かもしれません。

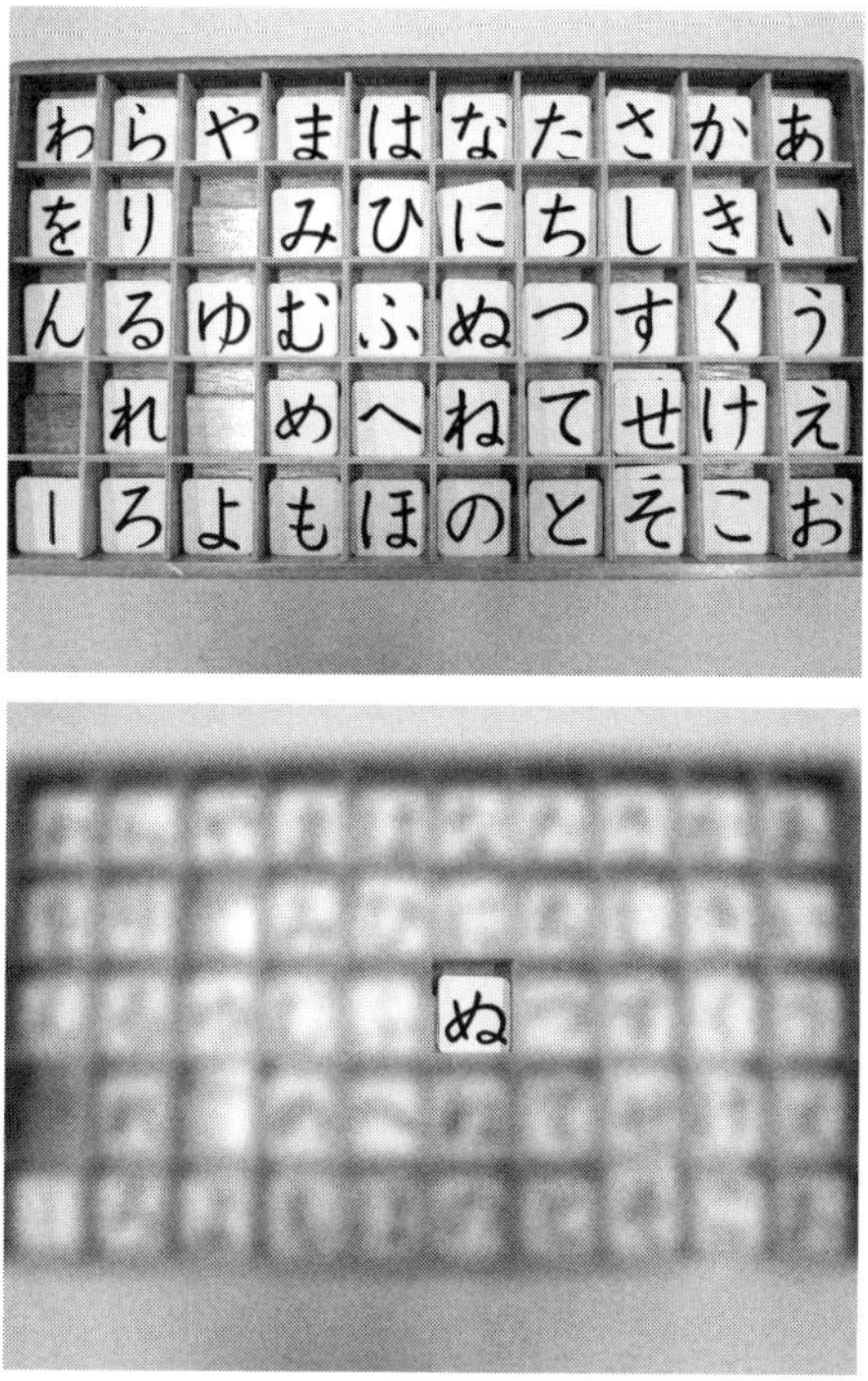

写真10－2　視覚の選択的注意

また、先ほどの移動五十音のようにたくさんの枠があるものでは、あ行だけ、か行だけを切り離して使うことが必要かもしれません。

これに類したことでは、幼稚園・保育園の下駄箱などもこのようなたくさんの枠でできているものです。ここでも選択的注意に困難な子は、自分の下駄箱がわかりづらいです。そのため、例えば、その子の下駄箱の縁(ふち)に赤いテープを貼ってあげるなどの工夫が必要かもしれません。

一斉活動(先生が前に立ち、子どもが扇形などに座り、先生の話を聞いたり、紹介を見たりする)でも、選択的注意に問題を抱えている子どもは、どこに注意を向けていいのかわからず、先生の話のとき、どこを見たらよいのか、何を聞けばよいのかわからない場合もあります。先生と面と向かう位置(端とかではなく)に座らせるとか、先生の立つ背景には、できるだけ何もない状態にするなどさまざまな工夫が必要となる場合があります。

困難さ③　活動の手順、段取り、計画性

活動には、必ず手順、段取りがあります。自閉症スペクトラムでは、求心性統合に問題を抱えている人がいることをすでにお話ししました。これは、時間が前に進んでいくことや終わりがあることなどがわからないなどのことでした。ここから考えても、作業、活動の手順や段取りがわからないことが推測できると思います。

例えば、金属磨き、あるいはモンテッソーリの他の作業では、活動の手順がわかるように、左から右（文字を横に書くときの方向）に並べて、左から順番におこなえば、活動ができるような配慮がなされているものもあります。これも、発達障害児にとっては、とてもわかりやすいのです。

手順を繰り返して活動することによって、活動や作業の段取りを理解していくことができます。また、自分で論理的に考えることができるようになる場合も多いのです。そして、とても苦手な段取りをすることができたり、計画を立てられるようになる子どもも出現してきます。

困難さ④　記憶

「金属磨き」について起こる、さらなる困難さは、記憶です。すぐに忘れてしまうということです。

例えば、おとなの提供（紹介）があって、次の日、もう一度やりたいと思い、自己活動を始めようとするときのことです。トレーからマットを出して広げます。しかし、次に、何をどこに並べればよいのかわからなくなってしまうことが起こります。そして、適当に出すと、今度は手順・段取りがわからなくなってしまうのです。

これは、記憶に困難さを抱えている子どもに多く起こります。

記憶には、ごく簡単にいうと、時間、容量、移行、機能があります。図10－1を見てください。

ここで記憶について簡単に説明をしておきましょう。

外界からある情報が感覚器官に入り、感覚器官に一瞬保持されます。視覚で一〇〇～三〇〇ミリ秒、聴覚で、二、三秒です。容量は、八～一〇項目です。このなかから注意を向けられたものが、短期記憶に移送されます。短期記憶内の情報は、一八秒程度で保持されます。

短期記憶の量的な限界は、五から九個です。例えば、これから明日持ってくるものを言います。「スプーン、おしぼり、お弁当、お金三〇〇〇円、パンフレット、ネームプレート、筆記用具、お財布、飲み物、ビール、ひまわり」と一一個の単語を言われたとしましょう。このうち、覚えられる範囲は、五個から九個ということです。

この短期記憶の情報は、リハーサルすることによって、消失を免れます。つまり、長期記憶へ移送されることになります。

小学生が明日の漢字の書き取りに備えて勉強する場合、漢字をノートに繰り返し書いて（リハーサル）覚えます。これを、維持リハーサル（浅い処理）と言います。以前の記憶理論では、人はこの繰り返しによって、ものを覚えるという説でした。

しかし、新しい理論では、このただ単に機械的に繰り返す処理では、長期記憶には転送

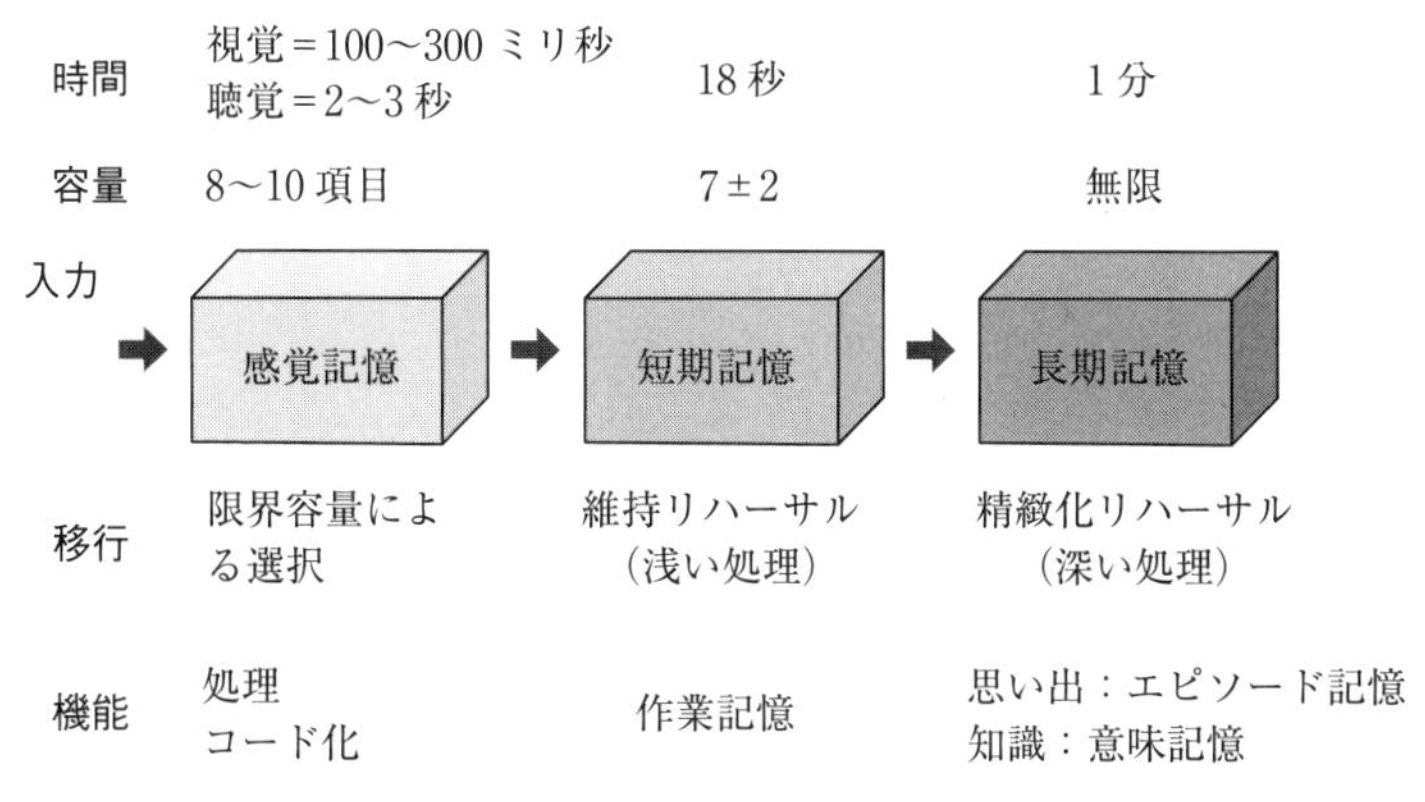

図10－1　記憶の時間、容量、移行、機能

されないそうなのです。

どうすることが必要かというと、他の知識と結びつけたり、仕組みや成り立ちなどを理解して覚えることが必要といわれています。それが、精緻化リハーサル（深い処理）です。例えば、漢字や英単語をその成り立ちから、理解して覚えるとか、歴史の年号を、意味との語呂合わせで覚えるとかがあります。理解をするには、時間がかかります。一夜漬けは、機械的リハーサルになりがちです。そのため、テストでよい点数をとれないばかりか、テスト後すぐに忘れてしまうのです。

このようにして、さまざまな情報は長期記憶に蓄えられますが、その量は無限大です。

記憶を機能として見たとき、短期記憶は、作業記憶（ワーキングメモリ）といわれます。そして、日常の生活、あるいは学習をするときにこの作業記憶がとても重要な情報処理システムであることがわかってきました。

作業記憶では、まず新しい情報が入ってきたとき、必要な情報を必要な時間だけ一時的にアクティブに記憶に保持します。そして、それに関するさまざまな情報を長期記憶から検索して引き出します。最後に、関連させて総合的に考えたり、判断したりするのです。

例えば、次のような課題を考えるとわかりやすいと思います。

「おばあさんが、家に遊びに来ました。そして、お土産にキャンディを二個くれました。しばらくすると、お父さんが帰ってきて、同じキャンディを三個くれました。さあ、今、あなたはキャンディを何個持っていますか？」という課題が出されたときに、最初のおばあさんの部分を記憶にとどめておき、次に入ってきた情報と統合し回答を出す必要があります。

自閉症スペクトラムでは、この記憶に困難性を持っている場合があります。特にワーキングメモリに弱さがあると、記憶した情報が抜け落ちてしまいます。また、頭のなかで、おばあさんがくれたもの、お父さんがくれたものを整理して、操作して、答えを出すことが難しくなります。

「金属磨き」の活動に話を戻しましょう。金属磨きをもう一度やってみたいと思ったときに、どの順番に用具を机に出して、並べればよいのか忘れてしまう場合があります。この原因は、一人ひとりの子どもによって違います。

例えば、ある子は、短期記憶から長期記憶に情報を転送する際の、精緻化リハーサルがうまくおこなえないために、覚えられないかもしれません。自閉症スペクトラムの障害特性には、想像性の障害があり、意味を理解することが苦手な子どもがいます。この精緻化リハーサルは、意味を理解することが必要だったわけです。またそれは、段取りや手順が立てられないこととも関係しています。

そのような困難さを抱えた子どもでも、やりたいと思っている「金属磨き」の活動ができるように支援することが必要です。

そのためには、マットに、各用具の写真、イラストを貼り、対応づけするような手立てが必要かもしれません。

また、やり方がわからない場合には、金属磨きのやり方を写真、イラスト、文字で示すことが必要になるかもしれません。

やり方カードを使って、何度も繰り返しておこなうと、意味もわかり、リハーサルをすることになりますから、やがて長期記憶に転送され、やり方カードなしでもできるようになる可能性があります。そして、何より興味・関心があり、やりたいと自分で選んだのです。楽しくて仕方ないのですから。楽しい活動は、記憶と結びつき長期記憶に転送されやすくなります。

やり方カード

やり方カードは、お家の教材が置いてある棚に一緒に置いておくといいかもしれません。

幼稚園・保育園などでは、あくまで個人カードとして、○○くんの引き出し、あるいはロッカーなどに入れておきます。そして、やりたいときに、それを持ってきて活動するようにすると、他の子どもと共生ができると思います。

金属磨きは、それほど手順が長くありませんが、手順が長い活動になればなるほど、必要な場合が出てきます。

例えば、洗濯は子どもが大好きな活動ですが、その手順の長さゆえ、発達障害の子どもたちは断念しがちなものの一つです。しかし、やり方カードなどがあれば、彼らも、洗濯をすることができます。

次に洗濯のやり方カードを挙げておきます。文字の読める子には文字のやり方カード（図10－3）を使いますが、文字が読めない子どもには、写真カード、イラストでやり方

きんぞくみがき

1、 おぼんを　つくえに　はこぶ。
2、 えぷろんを　つける。
3、 びにーるまっとを　しく。
4、 ようぐを　まっとに　ならべる。
5、 みがきえきようぬのに　えきを　つける。
6、 みがくところに　えきを　つける。
7、 みがきぬので　みがく。

〈かたづけ〉
1、 よごれたぬのを　よごれたものを　いれる　ばけつに　いれる。
2、 おぼんに　ようぐを　のせる。
3、 びにーるまっとを　かたづける。
4、 おぼんを　たなに　かたづける。
5、 てを　あらう。

図10－2　金属磨きやり方カード

せんたく（1）

〈じゅんび〉

1、　えぷろんを　つける。
2、　せんたくそうの　せんを　しめる。
3、　せんたくそうに　みずを　いれる。

〈あらう〉

1、　せんたくものを　ひたす。
2、　せんたくいたの　うえに　せんたくものを　ひろげる。
3、　せっけんを　つける。
4、　せんたくものを　あらう。
5、　せんたくものを　しぼる。
6、　しぼったせんたくものを　かごにいれる。
7、　せんたくそうの　せんを　ぬく。
8、　せんたくいたを　ぶらしで　こする。
9、　せんたくいたを　みずで　あらう。
10、　せんたくいたを　ぞうきんで　ふく。
11、　せんたくいたを　せんたくそうにたてかける。
12、　せんたくそうを　ぶらしで　こする。
13、　せんたくそうを　みずで　あらう。

せんたく（2）

〈すすぐ〉

1、　せんたくそうの　せんを　しめる。
2、　せんたくそうに　みずを　いれる。
3、　せんたくものを　すすぐ。
4、　せんたくものを　しぼる。
5、　しぼったものを　かごに　いれる。
6、　せんたくそうの　せんを　ぬく。

〈もういちど　すすぐ〉

1、　せんたくそうの　せんを　しめる。
2、　せんたくそうに　みずを　いれる。
3、　せんたくものを　すすぐ。
4、　せんたくものを　しぼる。
5、　しぼったせんたくものを　かごにいれる。
6、　せんたくそうの　せんを　ぬく。

せんたく（3）

〈ほす〉

1、　しぼった　せんたくものが　はいった　かごをものほしばに　はこぶ。
2、　せんたくものを　ひろげしわを　のばす。
3、　ものほしに　かける。
4、　せんたくばさみで　とめる。

せんたく（4）

〈かたづけ〉

1、　せんたくそうの　せんをぬく。
2、　せんたくそうを　ぞうきんで　ふく。
3、　ばけつの　みずを　すてる。
4、　ぞうきんを　よごれたものの　ばけつに　いれる。
5、　えぷろんを　はずす。
6、　えぷろんを　たたむ。

図10－3　洗濯のやり方カード

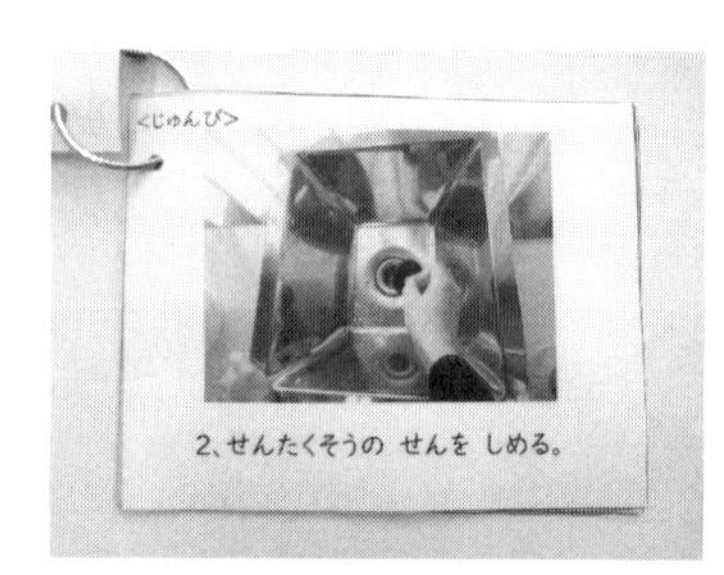

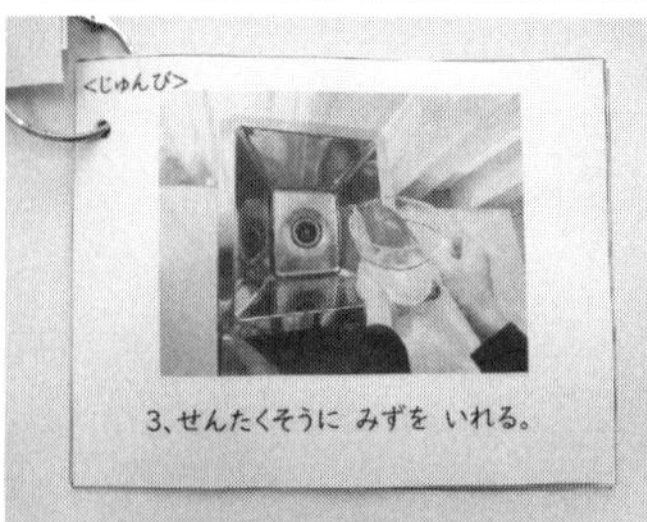

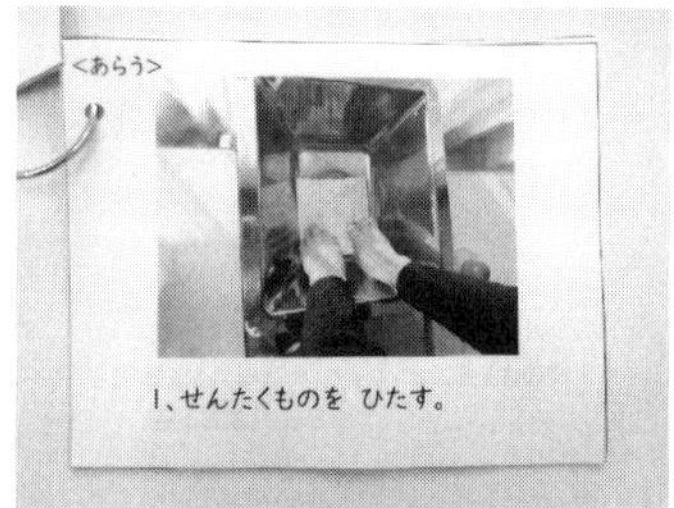

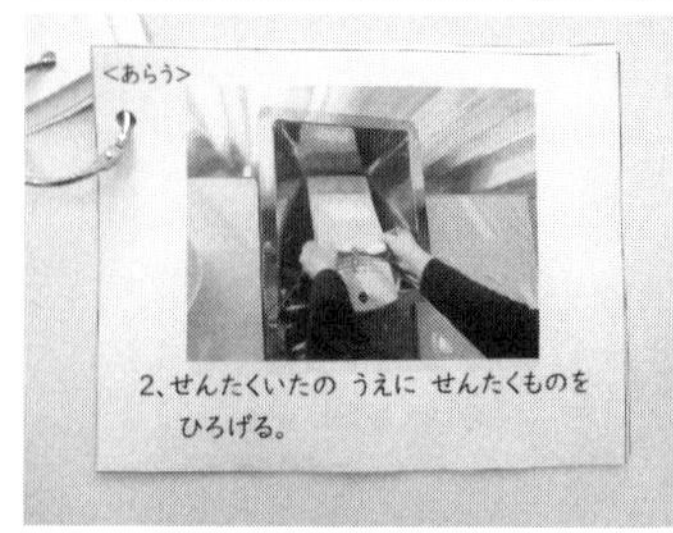

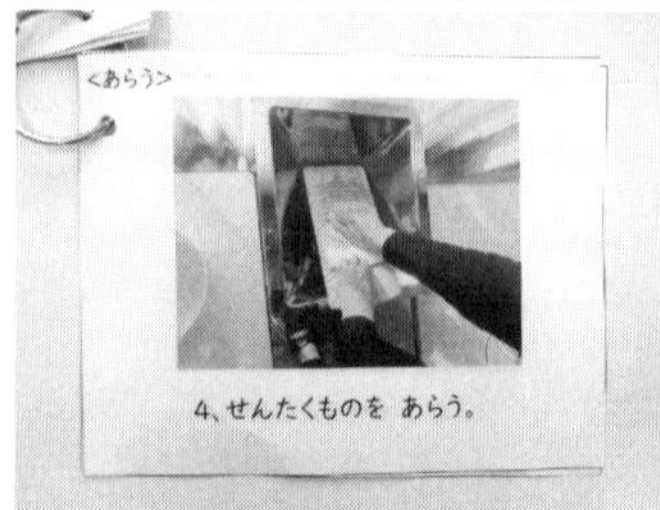

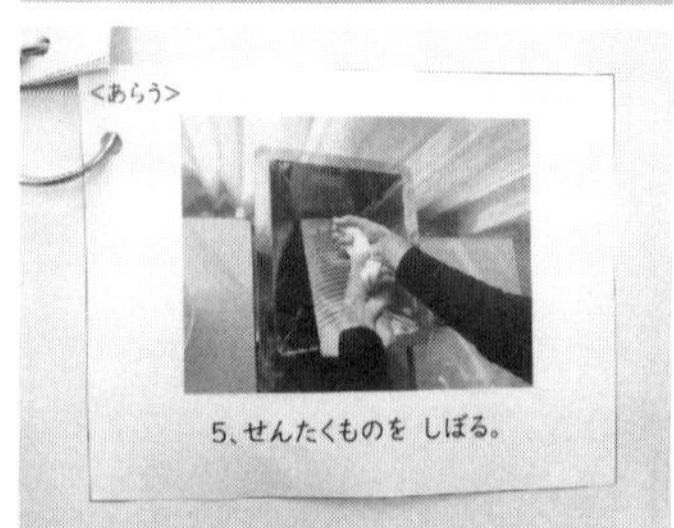

写真10－3 洗濯のやり方カード

を示す必要があります。

写真10－3が文字、並びに写真カードのやり方カードの例です。すべてを載せることはできませんが、このように作成します。

洗濯というと、大変な作業と思われるかもしれませんが、お家で、タライと洗濯板（百円ショップで売っています）、大きめのピッチャーがあれば、風呂場で簡単にできます。

《手順書を作成するときのポイント》

※文字カードであれば、一項目、一動作にする。

※写真カードは、その動作がわかるように撮影する。人も含めた全景を撮るのではなく、部分を撮る。

※文字は、ひらがな、わかちがきで書く。

※ワードなどで作成する場合には、フォントを教科書体にする。活字体は、子どもが実際の文字を学習するとき、邪魔になる。例えば、活字体の「す」は、上から引く線に○がついているように見える。それを教科書体での「す」は、上から引いた線を途中で丸めることを見て取ることができるからである。書くことを学ぶ子どもにとって、教科書体はよい手本にもなる。

とうばんひょう

こんなたくさんの写真や文字で、本当にできるのでしょうか、という声が聞こえてきそうです。

モンテッソーリ教育におけるやり方カードの試みは、一九八六年からおこなわれました。当時、私は、発達支援センターで一〇名の障害児のモンテッソーリクラスを運営していました。そこで、同僚と一緒に、障害の子どもたちが自主的・主体的にできる給食当番活動を実践しました（『愛護』第三八巻　臨時増刊号：第一五回ほほえみ賞入選論文集）。

とうばんひょう
1、えぷろんを　する
2、つくえの　うえを　かたづける
3、いすを　かさねる
4、つくえ、はいぜんだいを　ならべる
5、ざんぱんいれの　だいを　おく
6、やすみの　かーどを　おく
7、いすを　いれる
8、てを　あらう
9、つくえを　ふく
10、おこぼしいれを　おく
11、てかがみを　おく
12、はなを　かざる
13、なべしきを　おく
14、おたよりちょうを　かぞえる
15、しょっきを　はこぶ
16、おかずを　はこぶ
17、もりつけを　する
18、もりつけたものを　はこぶ
19、ともだちに　しらせる
20、しょっきあらいの　じゅんびをする
21、えぷろんを　はずす
22、えぷろんを　たたむ

図10－4　とうばんひょう

給食当番には、子どもの日常生活習慣、運動、認知、言語、数、社会性などを育てるさまざまな要素が含まれています。それは、図10－4の「とうばんひょう」を見ていただければご理解いただけると思います。

また、このようにやり方を示すことによって、子どもたちは、自分で給食当番ができます。この活動は、自閉症スペクトラムの子どもにとっては、とても魅力的で、大好きな活動です。

写真10－4　とうばんひょうを確認する子ども

最初は、先生が一緒に「とうばんひょう」の文字、あるいは写真カードを見ながらおこないますが、やがて、発達障害を持った子どもは、自分たちだけで当番ができるようになっていきます。

記憶の悪さや、さまざまな困難さもよい方向に向かっていきます。

そして、さらには、文字への興味につながり、文字が人に何かを伝えるものであることを理解する子どもも出てきます。

当番活動の実践で使った「とうばんひょう」の考え方を、教具や教材のやり方を伝えることに応用したのが「やり方カード」です。

今日、たくさんの子どもたちが、やり方カードを使って活動しています。実際に、やり方カードを作って、子どもがやりたい活動を自分でできるようにしてあげてください。

記憶練習

記憶の弱さを克服するため、やり方カードを使った活動を子どもたちに提供してきました。モンテッソーリ教育は、障害児教育から始まっただけあって、記憶練習が特に重視されています。

それは、感覚教育などにある記憶練習やセガンの三段階の名称練習といわれているものです。

この活動をすることで、語彙（ごい）を増やしたり、記憶力を高めたりできます。

感覚教育の記憶練習について、まず見ていきましょう。

これは遊びの簡単レシピにあったような対応、分類、順序などと合わせておこなうものです。

例えば、子どもの興味・関心が「色」であった場合、
○動きの要素＝貼る（マグネットシートにくっつける）
○対応、分類、順序の要素＝対応

にします。

《準備》

○マグネットシートを直径五センチの円形、あるいは、五センチ×三センチの長方形に色紙を同じ形に切って貼り付け、対になるように二枚ずつ作る（赤、青、黄色、橙、緑、紫、桃、茶、灰、黒、白）。

○ホワイトボードを準備。図10－5のように線を引く。

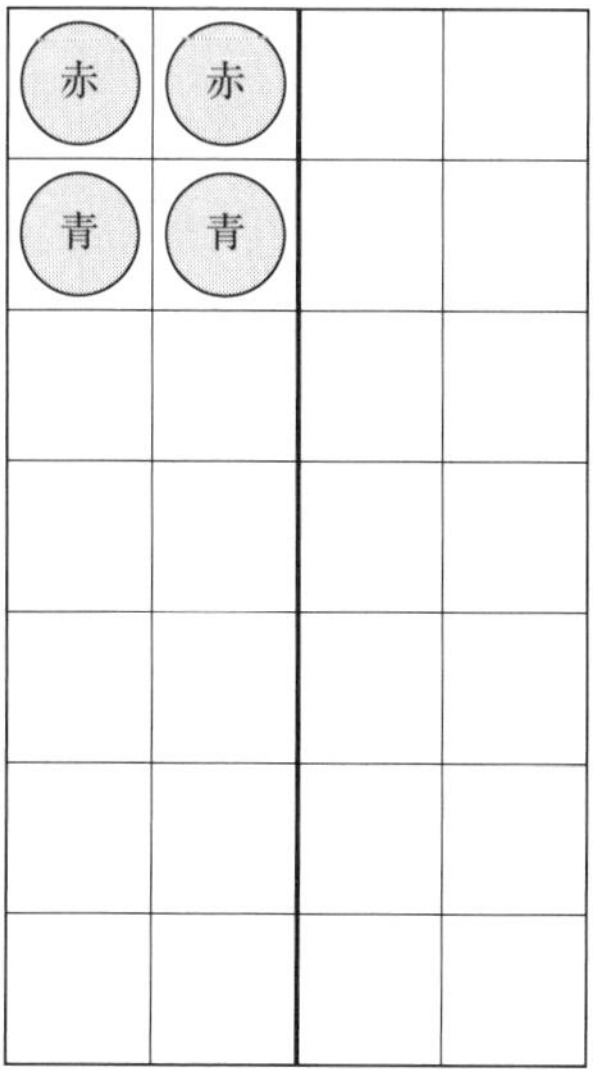

赤	赤		
青	青		

図10－5　記憶練習

《同じ色を対にして、マグネットシートにくっつける活動》

この活動は、遊びのレシピで挙げた活動である。枠の左側にランダムに並んだ色の円盤から任意の色をとり、くっつける。その後、それと同じ色の円盤を隣にくっつけ対にしていく。他の色も同じにする。

《記憶を使った遊び》

色の円盤の片方を、すべて少し離れた場所に置く。任意の一枚をホワイトボードの左にくっつける。あるいは、片方をすべてホワイトボードにくっつけておき、それと合う色を覚えて、少し離れた場所から持ってきて、隣にくっつけ、対を作る（図10－6）。

※少し離れた場所とは、最初は50センチメートル程度からはじめて、1メートル、2メートルと距離を伸ばしていく。距離が伸びると、それだけ記憶していなければならない時間が伸びることになる。また、その間に、障害物、クッションを置いて、それを越えていくなどを入れると負荷をかけることになる。

※一つができたら、二つ、三つと覚える個数を増やすことができる。

これは、恐竜、昆虫、くだものなど何でも応用することができます。

次に、三段階の名称練習について見ていきましょう。

先ほどの記憶の説明にあったように、私たちは感覚記憶、短期記憶、長期記憶というステップを踏んでさまざまなものを記憶しています。

この三ステップを楽しく踏ませることによって、子どもに記憶させていくと同時に、記憶力を高めることをするのが三段階の名称練習です。

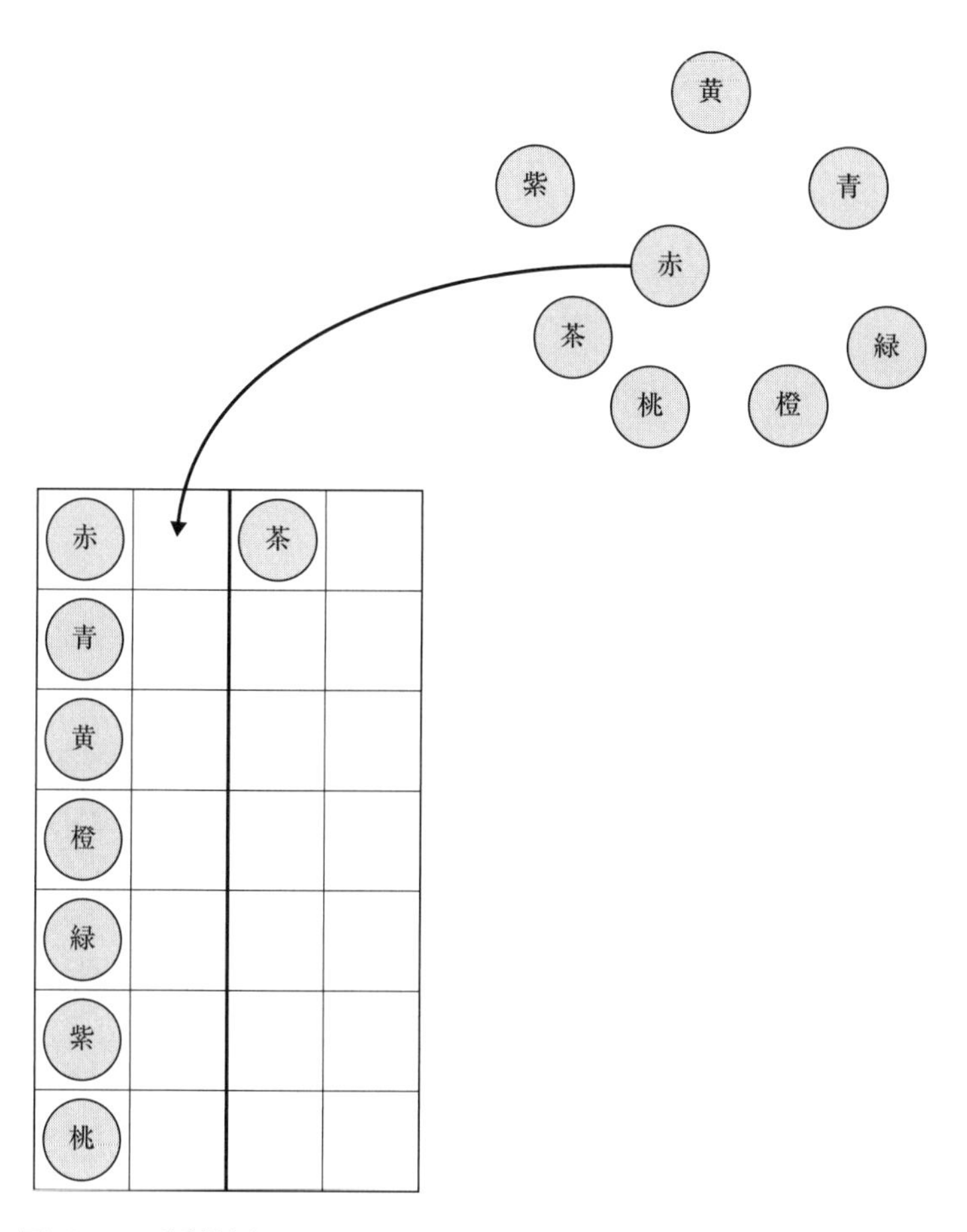

図10 - 6　記憶練習

子どもに覚えさせたいもの二つ、あるいは三つ程度を子どもの前に置きます。先ほどの円盤であれば、赤い丸、青い丸、黄色い丸の三つを子どもの前に置きます。

第一段階（感覚記憶）「これは、赤です」といって、子どもにその名称を伝えます。青、黄色も同様にします。

第二段階（短期記憶）「赤は、どれですか？」「黄色をください」といって、子どもに選択させます。これは、「これは、赤です」と再生させるのではなく、再認させることです。そして、これを何度も繰り返すことによって、リハーサルをすることになります。そうすると、次の第三段階に進みます。

第三段階（長期記憶）「これは、なんですか？」といって、子どもが「これは、赤です」と答えられる段階になります。

これが、三段階の名称練習です。記憶には、維持リハーサル（単に繰り返す処理）と精緻化リハーサル（仕組みや成り立ちなどを理解して処理）がありました。幼児の場合は、どちらかというと維持リハーサルで記憶していることが多いといわれます。その場合、雰囲気が楽しい、楽しいことを覚えるなどが大切であるといわれています。つまり、幼児の場合には、場の雰囲気がよいこと、興味・関心のある楽しいことなどが、記憶する場合とても大切だということです。

ですから、大切なことは、この第二段階のリハーサルの段階を楽しくすることです。

「〇〇をお父さんにあげてきて」「〇〇をポケットに入れよう」「〇〇を頭の上に乗せてみよう」など、楽しいことをたくさんさせてリハーサルすることが大切です。

このような活動をしながら、苦手な記憶を少しずつ支援していくことができます。お家で、お子さんと楽しく活動をしてみましょう。

子どもの声に耳を傾けよう

発達障害の子どもも、自分の興味・関心のある作業や活動をしたいのです。そして、学びの法則をまわって学びたいのです。

しかし、彼らには、それを阻むものがたくさんあります。その困難な状況を、モンテッソーリ教育と現代科学のコラボレーションによってサポートすることができます。

ここまで、一般論として、この学びの法則をまわるときの困難性を挙げてきました。

そのため、目の前にいる〇〇くん、〇〇さんという個別性を持った子どもには、必要な部分、不必要な部分、足りないことなどがあると思います。

あくまで、目の前にいる〇〇くんという一人の子どもの困難性を読み解き、支援すること、一人の子どもの声に耳を傾けることが発達障害児のためのモンテッソーリ教育です。

それにより、子どもは、一日を落ち着いて、安定して生活できるようになるだけではなく、自分の成長発達のために必要なさまざまな活動に取り組むことができるようになります。つまり、学びの法則をまわれるようになるのです。
そのプロセスを経た結果、「○○ができる」といった認知能力が身につくと同時に、非認知能力も育てられることになります。

この非認知能力は、意欲、自己肯定感、集中力、自己コントロール力など、人生を生きていくときの心の杖です。この非認知能力の育ちが、認知能力を生涯にわたって伸ばすことにもなるのです。

多くの日本の大学生が、小、中、高と有名大学に入るために、苦しい勉強をしてきます。しかし、大学に入った途端に、学ぶことをやめてしまいます。それは、学びの楽しさ、面白さを体験せず、知らないまま育ったからではないでしょうか。勉強がもし、何かを手に入れるための苦しみでしかないなら、なんと不幸なことでしょう。

モンテッソーリ教育では、子どもを秀才にしようとか、有能な人間にしようとか、有名大学に入学できる人にしようとかそんなことは目標にしていません。それらは、あくまで、結果ですから。

モンテッソーリは言っています。

「子どもは、本来『進歩しようという思いに駆り立てられている人間』（創造する子ども）です」（『創造する子供』）と。つまり、プロセス、過程が大切なのです。

子どもは、成長しよう、発達しよう、自立・自律しよう、よいものになろう、自分を高めようと願っているのです。そして、子どもの成長とともに、仕事を通して、人の役に立つものをつくろう、よりよいシステムを開発しよう、平和なよりよい社会をつくろうなどの願いを持つようになっていくのです。

絶えず、「未来に開かれている人間」です。自分のやりたいことを自分で決め、目標を持って、進んでいく人です。そして、どんな逆境にあっても、それを乗り越える力（非認知能力）を持っている人です。

一人ひとり違うことが当たり前の教育であるモンテッソーリ教育で育つならば、たとえ、発達障害を持っていて、偏りがあり、人と違っていても、その違いを生き抜くことができるのです。

おわりに

本書は、「モンテッソーリ教育でどう発達障害児を育てるか」という観点で書きました。毎日、子育てに悩み、苦労されているお父様、お母様に、そして、子どもに関わるすべての人にお役に立てていただけたら幸いです。

最後にモンテッソーリ障害児教育について少しだけ振り返ってみたいと思います。

モンテッソーリ教育は、障害児への治療と教育から始まりました。モンテッソーリは、ピネル、イタール、セガンという先達医師から学び、独創的な教育方法を打ち出したのです。特に、読み書き教育、算数、歴史、地理などにおいて、目覚ましい成果をあげました。

その結果、知的障害を持つ子どもたちが、公的試験において定型発達の子どもたちと同程度の成績を上げることができたと報告されました。これは、当時の欧米で大きく評価されました。

しかし、その後、モンテッソーリ教育は、この成果を定型発達の子どもたちに応用するという道を進み始め、障害児教育については、あまり顧みられることがありませんでした。

第二次世界大戦後、モンテッソーリ・リバイバルが起こり、モンテッソーリ教育は息を吹き返しますが、障害児にまで光が当たることはありませんでした。

そこに、新たな光を投じた一人の医師が現れたのです。戦後の混乱期、ドイツでホスピタリズムを研究していたミュンヘン大学医学部教授故ドクター・ヘルブルッゲ氏です。

彼は、障害児と定型発達児の統合教育をめざしていました。その彼の目を大きく開かせたのがモンテッソーリ教育との出会いと言われています。彼は、モンテッソーリ教育のなかに、統合教育の大きな可能性を見ました。

クラスのなかにいる子ども一人ひとりが、それぞれのペースで学び、成長・発達することができる統合教育は理想の教育法でした。そして、ミュンヘン小児センターに取り入れたのです。

そこには、病院があり、そして、モンテッソーリ個別セラピー部門、モンテッソーリ小集団セラピー部門がありました。そしてその先に統合教育をおこなうモンテッソーリ幼稚園、学校があるのです。

モンテッソーリは、知的な教育をする前に、医学的、心理学的な問題がある場合には、その問題を解決することが必要であるといっていました。それとも呼応する体制であったのです。

病院、個別、小集団というステップを踏んで、大集団であるモンテッソーリ幼稚園・学校へ統合されていくという流れです。

残念ながら、このようなシステマティックな仕組みは、日本にはありません。しかし、日本では、モンテッソーリ教育に取り組む発達支援センター、幼稚園、保育園が、現行の日本の制度のなかで、最大限の努力をしてきました。そこで、モンテッソーリがあげたのと同じ成果があがっているのです。

私どもの発達支援センターでは、毎年、卒園式をおこないます。卒園式は、その子の学びの総まとめです。そこで起こることは、毎年多くのご両親を感動させています。約一時間の式の間、子どもたちは、座っているのです。入園当初は、いろいろなものにこだわり、パニックを起こし、暴力、暴言を振るい、少しも落ち着いて席に座っていることがなかった子どもたちが、座っているのです。

そして、そのことが学校の入学式にもつながっています。入学式、保護者のSNSは、大活躍します。そこで流れるメッセージは、自分の子が座っていることと、モンテッソーリの卒園児は、泣いている子も、席をたつ子もいないということです。その情報は、入学式の間、各学校間を飛び交っています。

ある重度の自閉症スペクトラム児のお母さんは、小学校の入学式に参加して「うちの子が座っていられたこと、そして、名前を呼ばれると手を挙げるのを見て、我が子を誇りに思いました」と言っていました。

さらに、支援センターの先生方が、卒園児の調査で、支援学校などを訪問すると、「座って、先生の話を聞いているのは、モンテッソーリの子どもだけでした」という報告があります。

また、二歳、三歳のときに、中度の知的発達を伴う自閉症スペクトラムと診断されていた子どもが、自閉症としての特性は残しながらも、五歳、六歳では、ボーダーライン、あるいは正常範囲まで発達したというケースも多数あるのです。

これは、ほんの一例ですが、他の機関から、その他多くの成果が報告されています。

今回、この本を通してご紹介したことは、紙面の関係で量は多くありませんが、発達障害児にとって多く現れる困難さです。子どもたちが、落ち着いて安定した毎日を送れるようにしてあげること、その土台の上で子どもたちが自分の発達課題に向き合うことが大切です。

しかし、最後に、間違えないで欲しいことは、子どもは一人ひとり違うということです。目の前にいる子どもに一般論・理論を当てはめても解決しないことのほうが多いのです。

ですから、この本にあることを手がかりに、目の前の子どもをよく観察してください。世界に一人だけの子どもが、自分の人生を生き抜けるように支えていきましょう。

本書を書くにあたり、今まで出会ったたくさんの子どもたち、そして保護者の皆様に心より感謝いたします。皆さんとともに歩むなかで私も大きく成長することができました。本当にいろいろなことを教えていただきありがとうございました。

また、これまでに出会った多くの先生方からさまざまな示唆をいただきました。ありがとうございました。

最後になりましたが、講談社の中谷淳史氏には、何度も原稿を精読していただき、たくさんのアドバイスをいただきました。また、いつも長いメールで私を支え、励ましてくださいました。私の整理されていない原稿を整理し、本にしてくださったことに心より感謝いたします。

佐々木信一郎

引用・参考文献

モンテッソーリ教育に興味を持っていただけたでしょうか？　是非、左記の本も読んでいただけましたら幸いです。

おすすめは、『ママ、ひとりでするのを手伝ってね！』（相良敦子著　講談社）です。これは、とてもわかりやすく書かれていて、名著です。

また、私の前作は、電子書籍になっています。もしよろしければ、お読みください。『子供の潜在能力を１０１％引き出すモンテッソーリ教育』（講談社＋α新書）です。

モンテッソーリの伝記としては『マリア・モンテッソーリ――子どもへの愛と生涯』（リタ・クレーマー著　新曜社）があります。

マリア・モンテッソーリの著作では、基本的なものは『子どもの発見』『幼児の秘密』（いずれも鼓常良訳　国土社）、『創造する子供』（武田正實訳　エンデルレ書店）などがあります。

次ページの文献は、この本を書くために特に参考にしたものです。

E・M・スタンディング著　佐藤幸江訳『モンテッソーリ教育の現場』エンデルレ書店　１９７７

ウタ・フリス著　冨田真紀、清水康夫、鈴木玲子訳『新訂　自閉症の謎を解き明かす』東京書籍　２００９

エドワード・L・デシ、リチャード・フラスト著　桜井茂男監訳『人を伸ばす力』新曜社　１９９９

遠藤利彦著『赤ちゃんの発達とアタッチメント』ひとなる書房　２０１７

遠藤利彦編『非認知的（社会情緒的）能力の発達と科学的検討手法についての研究に関する報告書』２０１７

E・M・スタンディング、オットー・シュペック著　山口薫監訳、野口明子、春見静子訳『精神遅滞と教育――開かれた教育をめざして』教育出版　１９８４

クラウス・ルーメル監修　佐藤幸江訳『モンテッソーリの発見』エンデルレ書店　１９７５

相良敦子著『モンテッソーリ教育　理論と実践　第1巻　モンテッソーリ教育の理論概説』学習研究社　１９７８

佐久間庸子、田部絢子他著『幼稚園における特別支援教育の現状――全国公立幼稚園調査からみた特別な配慮を要する幼児の実態と支援の課題』東京学芸大学紀要　総合教育科学系Ⅱ　62;153-173　２０１１

桜井茂男、杉原一昭著『幼児の有能感と社会的受容感の測定』教育心理学研究　33巻3号　p.237-242　１９８５

佐々木信一郎著『障害児教育を考える　――　モンテッソーリ教育を通して見えるもの』１９９９中日美モンテッソーリ教育交流大会講演論文　日本モンテッソーリ教育綜合研究所　２０００

佐々木信一郎著『子供の潜在能力を１０１％引き出すモンテッソーリ教育』講談社＋α新書　２００６

佐々木信一郎、髙橋純一、大橋玲子著『認知／非認知に関する尺度の開発』東北心理学研究第69号　p.43　２０２０

ジェームズ・J・ヘックマン著　古草秀子訳『幼児教育の経済学』東洋経済新報社　２０１５

鹿毛雅治著『内発的動機づけ研究の展望』教育心理学研究　42巻3号　p.345-359　１９９４

P・オスワルト著　保田史郎訳『モンテッソーリ教育における児童観――幼少年期の子供の見方と導き方』理想社　１９７１

ヘルブルッゲ著　西本順次郎、福嶋正和、三谷嘉明、春見静子訳『モンテッソーリ治療教育法』明治図書　１９７９

前之園幸一郎著『マリア・モンテッソーリの障害児教育への視座』青山學院女子短期大學紀要、第59巻　２００５

マイケル・トマセロ著 大堀壽夫、中澤恒子、西村義樹、本多啓訳『心とことばの起源を探る　文化と認知』勁草書房　２００６

マリーア・モンテッソーリ著　武田正實訳、菊野正隆監修『創造する子供』エンデルレ書店　１９７３

山極小枝子、佐々木信一郎、平柳景著『モンテッソーリ教育を土台にした障害幼児の給食指導』愛護NO.４０８臨時増刊　ほほえみ賞入選論文集　p.26-47　１９９１

行場次朗、箱田裕司著『新・知性と感性の心理――認知心理学最前線』福村出版　２０１４

ローナ・ウィング著　久保紘章、佐々木正美、清水康夫監訳『自閉症スペクトル』東京書籍　１９９８

ローレ・アンデリック著　春見静子、佐々木信一郎、勝間田万喜訳『モンテッソーリ　インクルージョンへの道』ロギカ書房　２０１９

James J.Heckman,Yona Rubinstein "The Importance of Noncognitive Skills: Lessons from the GED Testing Program" *The American Economic Review,* Vol 91, No.2, Papers and Proceedings of the Hundred Thirteenth Annual Meeting of the American Economic Association, pp.145-149, 2001

Mary K.Rothbart et al. "Investigations of Temperament at Three to Seven Years: The Children's Behavior Questionnaire" Child Development 72(5):1394-408, 2001

OECD Skills Studies "Skills for Social Progress: The Power of Social and Emotional Skills" OECD, 2015

Peter Sims "The Montessori Mafia" *The Wall Street Journal,* April 5, 2011

Robert J.Sternberg, Barbara E.Conway "People's conceptions of intelligence." *Journal of Personality and Social Psychology,* 41, 37-55, 1981

Theodor Hellbrügge, Mario Montessori "Die Montessori- Pädagogik und das behinderte Kind" Kindler Verlag, 1982

UNESCO "Guidelines for Inclusion: Ensuring Access to Education for All", 2005

｜著者｜佐々木信一郎
こじか保育園園長。日本モンテッソーリ協会（学会）常任理事。1958年、福島県生まれ。福島大学大学院人間発達文化研究科修士課程修了。ミュンヘン小児センター（ドイツ）に留学。国際モンテッソーリ協会による3～6歳児と特殊教育のためのモンテッソーリ教師資格を取得。児童発達支援の草分け的施設、教育研究所、こじか「子どもの家」発達支援センターなどでモンテッソーリ統合教育をはじめとする子どもの仕事に携わる。福島大学非常勤講師。著書に『子供の潜在能力を101％引き出すモンテッソーリ教育』（講談社）など。モンテッソーリ教育の障害児への適用で、日本愛護協会ほほえみ奨励賞を受賞。

発達障害児のためのモンテッソーリ教育　こころライブラリー

2021年　4月13日　第1刷発行

著　者　佐々木信一郎
発行者　鈴木章一
発行所　株式会社講談社
東京都文京区音羽二丁目12－21　郵便番号112－8001
電話番号　編集　03－5395－3560
販売　03－5395－4415
業務　03－5395－3615

印刷所　株式会社新藤慶昌堂
製本所　株式会社若林製本工場

本文図版　さくら工芸社

ISBN978-4-06-522904-0
N. D. C. 378　239p　19cm